世事 執著

知見初

放下執念，勿強求

當人無法放下執著時，

他就看不遠

智之見初

執著無

編　　著　陳鵬輝
出 版 者　大拓文化事業有限公司
執行編輯　廖美秀
美術編輯　林家維

總 經 銷　永續圖書有限公司
劃撥帳號　18669219
地　　址　22103 新北市汐止區大同路三段一九四號九樓之一
TEL　（〇二）八六四七—三六六三
FAX　（〇二）八六四七—三六六〇
E-mail　yungjiuh@ms45.hinet.net
網　址　www.foreverbooks.com.tw

CVS代理　美璟文化有限公司
TEL　（〇二）二七二三—九九六八
FAX　（〇二）二七二三—九六六八

法律顧問　方圓法律事務所　涂成樞律師

出 版 日◇二〇一四年六月

國家圖書館出版品預行編目資料

放下執念，勿強求 / 陳鵬輝編著. -- 初版.
-- 新北市 : 大拓文化, 民103.06
面 ;　公分. --（生活禪 ; 32）
ISBN 978-986-5886-71-4（平裝）

224.515　　　　103007225

方向正確，才能獲得快樂

生活是你自己的

第一章

思維的廣度，決定人生的寬度

其實失敗並不可怕

第二章

第三章

培養一顆不畏懼的心

將困擾你的東西完全放下

於平常中發現不平常

要有一顆淡定的心

第四章

第一章
方向正確，才能獲得快樂

有人認為，受了冤屈，最應該做的就是辯解

如果那冤屈只與我們自己有關，辯解反而不是最好的辦法。
因為你出聲為此辯解，說明你的心還不夠靜，
還會因為別人的些許舉動而發怒。

不要讓別人的行為影響到你的情緒，才是幸福安樂的泉源。

做回自己

有人認為，受了冤屈，最應該做的就是辯解，這話有一定道理，但也不是任何時候都適用。當我們所受的冤屈，輻射到別人的時候，我們要出聲辯解。如果那冤屈只與我們自己有關，辯解反而不是最好的辦法。因為你出聲為此辯解，說明你的心還不夠靜，還會因為別人的些許舉動而發怒。

松雲禪師出家學禪以後，因為掛念年老的母親無人照顧，特地親建一座禪舍，帶著母親同住。每天除了參禪打坐以外，松雲禪師還幫人抄寫佛經，藉此賺些費用供養母親。有時上街為母親買些魚肉，街上人總指著他叫酒肉和尚，松雲禪師也不去解釋。但他的母親放不下別人的批評，因此，也跟著松雲禪師吃素了。

有一天，一位美麗的姑娘深受松雲禪師其莊嚴的儀表、安詳的風度所感動，就請松雲禪師到家中說法。有人因而開始閑言說看見松雲禪師到妓女院裡去嫖妓。街坊的人不辨真偽，認為他不守清規，去搗毀他的禪舍，趕他離開。松雲禪師不得已只好把母親寄人代養，自己出外雲遊參訪。

不料母親因思兒成疾，未幾過世。鄉下人不知松雲何去，只得草草收殮，等松雲禪師回來再舉行安葬。

不久，松雲禪師回來了，在母親靈棺前站了許久，然後用手杖敲打棺木說：「慈愛的母親，孩兒回來了。」接著學母親的口氣道：「松雲，看你完成禪道回來，母親很高興。」

松雲又說：「是的，母親！孩兒以此禪道祝願您上生佛國，不要再來人間受苦受氣，我也和您一樣高興。」說罷便對眾人說道：「喪禮已畢，可以安葬。」

松雲禪師五十六歲時預知死至，召集弟子辭別，並在母親遺像前上香，寫下一首偈語：「人間逆旅，五十六年，雨過天青，一輪月圓。」寫後安詳而逝。

世間只要有人的地方，就有是非與好壞，就有黑暗與光明；說好的未必好，說壞的未必壞。如果一味去在意這些好與壞，只會浪費自己的時間，別無他益。松雲禪師知道這個道理，所以他從不去跟人爭辯什麼。他明白，那些好與壞，雖然是加在自己身上的，但其實與自己無關。

就像另一位禪師的故事。禪師跟小徒弟出行，中途找不到路，便問一個路人。路人不知為何正在苦惱，因此雖然給他們指了路徑，但態度十分不友善，說話中帶著厭嫌的口氣。禪師聽了路人的指引後，道聲謝，繼續帶著徒弟前行。沒走幾步，徒弟忍不住了，問禪師，師父，那個人如此蠻橫無理，您為什麼不生氣，我們應該告訴他做人要懂禮貌。禪師反問：「為什麼我要讓他決定我的情緒？」徒弟頓時釋然。

別人對你誹謗，只能說明那人是野蠻、無禮的，是需要你去拯救的對象。你面對他們時，應該做的不是因為他們的行為而改變自己的做法，去跟他們爭辯，而是做好自己的事，用自己的行為影響他們。

生活是你自己的，你所有的苦難、歡樂，都應該由你自己去體會，別人代替不了。同樣，別人的苦難和歡樂，你也無法真正體會。做回自己，不要讓別人的行為影響到你的情緒，才是幸福安樂的泉源。

尋找來自內心的法寶

菩提達摩未出家前就具有超人的才智、脫俗的慧根。有一次，般若多羅尊者指著一堆珠寶問菩提達摩的三位兄弟道：「世界上還有比這些珠寶更好的東西嗎？」

大哥月淨多羅答：「沒有，這些珠寶乃是我們王者之家最為珍貴的。」

二哥功德多羅也答：「我沒有見過世界上還有比這些寶物更珍貴的東西。」

唯有老三菩提多羅不同意這種說法：「這些珠寶其實沒有什麼價值。」

兩位兄長齊聲責備：「那麼你所謂有價值的寶物究竟是什麼？」

菩提達摩道：「因為這些珠寶自身不能認知自己的價值，必須假人們的智慧去分辨，否則只不過是一些沒有知覺的東西而已。而佛院說的佛法真理是法寶，是人們的智慧所發揮出來的，這不僅能自照而且還能區分各種形形色色的珠寶，更能分辨世間與出世間的一切善惡諸法。因此，真正最尊最貴的，應該是無上真理的法寶。那就是佛法。」

佛法之貴，貴在可開啟人智，讓我們能夠識人、識物、識世、識己，這些才是這世界上最最寶貴，最值得珍惜的。反過來，一個人如果能夠做到識人、識物、識世、識己，那麼他就是一個有智慧，可以洞察世事的人，也就是一個接近於佛，可以成功名的人。

想成為這樣的人，首先要有真心。只有拿出真心才能換得真心，換得了別人的真心，你才能真正識人。

其次要有愛心。有了愛心，就會在意身邊的一草一木，就會去呵護它們，關照它們，並瞭解它們。時間久了，自然就能夠做到識物。

第三要有一顆善心。有了善心，就會去做善事，就會去幫助別人、幫助社會。當深入介入社會了，自然就明白事理，瞭解世事了。這就是識世。

最後是誠心。有誠心，就會真誠待人，真誠做事，而且，當自己有錯誤的時候，也會坦然面對，並反省自己。這份誠心，就是獲得自我反省的最好途徑。自我反省之後，才能更加瞭解自己，也才能有效改正自己的錯誤。這樣，才能夠識己。

做到以上幾點，就可以事事圓融，行走世間了。

是自己的。

求人不如求己

想要知道梨子的味道，最好的辦法就是去嘗一口。如果不去嘗試，即使別人描繪得再精彩，再準確，你也無法正確的瞭解。這，正是行的重要性。因為道理都是別人的，但體驗是自己的。

有一位信徒很想學習參禪打坐，但不得其門而入。有一天，他鼓起勇氣去拜訪無相禪師，並且非常誠懇地請教：「禪像什麼？」

無相禪師告訴他一個五祖山法演禪師講過的故事：

兒子對他的小偷父親說：「您的年紀漸漸大了，找個時間教我偷盜的技術和祕訣，免得失傳。」做父親的不好推辭，也就答應了。

一天晚上，父親帶兒子到一戶人家，自己將衣櫥的鎖打開，叫兒子進去裡面，然後就把衣櫥鎖起來，大叫有賊，接著轉身就走。

這戶人家聽說有賊，趕緊起床搜查，發現並沒有損失，也沒有看到小偷，便又去睡覺了。

鎖在衣櫥裡的兒子苦思逃生之計。情急之下，靈機一動，就學老鼠咬衣裳的聲音。一會兒，聽到房內的太太叫丫鬟拿燈來看，當衣櫥才打開時，兒子將燈吹滅一閃而去，就逃走了。

家丁發覺真有小偷，便在後面緊緊追趕。到一個大井邊，眼見就要追上，小偷情急智生，拿起一塊大石頭拋入井中，自己繞道逃走。家丁以為把小偷逼急了，跳井而死，也就折回府去。

兒子回家以後埋怨父親一人逃走。

父親問他：「是怎麼逃出來的？」兒子把經過說了一遍，父親說：「你以後不愁沒飯吃，我的技術、祕訣都傳授給你了。」

最後，無相禪師說：「小偷兒子從沒有辦法中想出辦法，便是禪。禪的智慧是發自內心，不是老由人帶著走。山窮水盡疑無路，柳暗花明又一村，那便是禪。」

不僅是禪，任何事物都一樣，從別人那裡得來的資訊，總沒有自己嘗試後的體驗來得真實，來得準確。所以，佛家講究自己體悟，而不是別人教誨，遵循的正是這個道理。

不過現實中，很多人卻不明白。他們遇到任何事情的時候，常常第一反應不是自己去做，自己去想，而是問別人，之後沿著別人的指導，規劃自己的行為。結果往往會出現偏差，這時候，很多還會覺得是別人在欺騙自己。其實原因不在別人身上，而在自身。

就像那個小馬過河的故事。松鼠跟他說的河水深度，是松鼠的真實體驗，老牛跟他說的河水深度也是老牛的真實體驗，兩個都沒有騙他。但卻讓他陷入了困境，不知道那河水到底有多深，也不知道自己是否該過去。這就是一味去別人那裡尋求指導的缺點了。

不論何事，只有自己親身經歷後，才會明白其中的道理。不管何物，只有我們真正擁有了，才知道它能給我們帶來什麼。懂得向別人請教是好的，但如果只會向別人請教而自己從不去親自嘗試，往往就會流於表面，一無所成了。

讓腦筋轉個彎

很多時候，真正困擾人們的，並不是外在環境，也不是別人的隨意評論，而是自己本身的執念。這執念，是一種固定的思維，有了這種思維之後，自己的大腦就固定住了，不管遇到什麼問題，只會從一個角度去思考，不懂得變通。往往就導致當事人抓住細枝末葉不放，而忽視了眼前的整棵大樹。

一天，無德禪師寫了兩句話要他的門徒學僧去參究。這兩句話是：「綿綿陰雨二人行，怎奈天不淋一人。」

弟子們於是議論起來。

第一個弟子說：「因為他穿了雨衣。」

第二個說：「這一定是一陣偶陣雨。有時碰上這種雨，馬背的這邊淋雨，那邊卻是乾的。這兩人中有一個人沒淋到雨也沒什麼稀奇啊！」

第三個弟子得意地說：「你們都錯了。明明是綿綿細雨，怎可說是一場偶陣雨。一定是一個人走在屋簷底下。」

如此你一句，我一句爭論不休。

無德禪師見時機已到，就對大家說道：「你們都錯了！因為你們對『不淋一人』執著得過分了，當然就爭論不休。由於你們各踞一方，對於圓融的真理就越來越遠。其實，既是『不淋一人』，不就明白告訴你，兩人都在淋雨嗎？」

談禪，不要只從問的方面回答，還要從不問的方面去體會。如果只從問的方面去回答，那麼，就落入了陳舊的思維，陷入了自己的執念，也就是不懂換位思考，不明白從各個方面考慮問題了。

在面對事情的時候，只是從一個角度去考量，不懂得打開自己的思路。因此，常常會在同一個問題上犯錯誤，走自己之前走錯了的冤枉路。

要想擺脫這種困境，需要的就是拓寬自己的思路。像參禪人，要懂得禪並不是簡單的問答，有些問不一定要回答，有些回答也未必就一定是對方問的。只有這樣，才算是真正的瞭解了什麼是禪。

而普通人，就要靠努力學習了。用知識充實自己，拓寬自己的知識面，做到在遇到事情的時候，能夠從多角度去思考。只有這樣，才能夠全面看待事物，擺脫困擾自己的執念。

找對方向最重要

凡事不怕麻煩，就怕搞錯方向，如果方向弄錯了，那麼，再怎麼努力也是無用的。有的人總是糾結於一個概念，而忽視了這個概念的所指。這樣的人，需要的就是跳出來，從另一個角度去審視，只有換了角度，才能看得更深、更透。想做到這般需要有放下當下，放下執念的能力。

天皇禪師參訪石頭禪師，一見面就問道：「如果超脫定慧以外，請問你還想告訴別人什麼？」

石頭希遷禪師回答道：「我這裡根本就沒有人受束縛，談什麼超脫？」

天皇禪師說：「你這樣說話，叫人如何瞭解呢？」

石頭希遷說道：「你知道『空』嗎？」

天皇禪師道：「我對空早有心得了。」這一句話很妙，他說早有心得，不說知道不知道。因為空不是知識上的，不是知見的；空是因緣、空是般若、空是自性、空是真如，我早有心得，就是我早已參透了空的本來面目。

石頭禪師慨歎道：「唉！不料你還是從那邊來的人。」這裡的那邊是指迷的世界，從那邊來就是說還是從迷的世間來的。

天皇禪師否認道：「我不是那邊的人，我不是迷的世界的人。」

石頭希遷禪師道：「不管你說的是這邊、是那邊，我早就知道你的來處了。」

天皇禪師很不高興地說：「你怎麼毫無根據就誣賴我呢？」

石頭希遷禪師說：「不是我誣賴你，你的身體就是證據。」

天皇禪師道：「四大本空，五蘊非有，可是究竟應以什麼去啟發後人呢？」四大就是地、水、火、風和合成我們的身體，五蘊是色、受、想、行、識和合的人。假如說我們懂得四大本空、五蘊非有，你該怎樣去啟發後人？

石頭希遷禪師終於大喝一聲斥責道：「誰是我們的後人？怎麼叫做啟發後人？人還有先後嗎？」在這一喝之下，天皇豁然大悟。

天皇禪師無法放下執念，一直在想給後人留點什麼，卻沒想過誰是後人。這就是自尋煩惱了，在旁觀者角度的石頭禪師看得明明白白，所以石頭禪師能夠問出那個幾個問題，但天皇禪師卻看不到。

這就是不識廬山真面目，只因身在此山中了。

因為身在山中，將自己認作是山的一部分，所以無法窺探山的全貌，只有跳出這座山，而站在更高的山上，才能看清眼前所處的這座山。

不管做什麼事，都要懂得跳出眼前的思維。如果一味去追求做，往往會走進死胡同，這時候，就需要跳出來，從旁觀者的角度看一下自己的所為，看看是否找對了方向。只有時時用第三者的眼光觀察自己，才能讓自己少犯錯誤。努力是好的，但如果只懂得努力，而不懂得尋找正確的努力方向，那麼努力也就沒有意義了。

不變應萬變

每個人都會遇到變與不變的困擾，甚至有的還會陷入其中，不知該如何去做。因為變，那就不是自己了，可不變，事情好像無法解決。其實，不必執著於此，真止的智者會告訴你，以不變應萬變。想做到這點，首先要明白的是，變和不變的主體是什麼。瞭解了這個，自然就不會再有那麼多困惑了。

有一位道樹禪師建了一所寺院，院址與道士的道觀為鄰；道士看到寺廟建在他的道觀旁邊，心裡很不高興，想逼道樹禪師把佛寺搬走。道士們每天不是呼風喚雨，就是撒豆成兵，以法術把佛寺中的年輕和尚們全嚇走了，可是道樹禪師不為所動，在這寺裡一住就是十多年，到了最後道士們的法術神通都用完了，再無伎倆可施，他們還是容不下佛寺在自己道觀的旁邊，只好把道觀搬走了。

有信徒問道樹禪師說：「那許多的道士們，神通廣大、法術高強，你怎麼能勝過他們呢？」

道樹禪師說：「我能夠勝他們的只有一個字『無』。」

信徒問道：「『無』怎能勝他們呢？」

道樹禪師說：「他們有法術、有神通，『有』是有限、有盡、有量、有邊。而我沒有法術；沒有法術是無，無是無限、無盡、無量、無邊。無能勝有，因為，以不變應萬變：『有』會變，可是『無』不變；不變能勝過會變。所以，我的『無』變，當然就勝過他的『有』和有變了。」

道樹禪師以不變應萬變，用自己的禪心，讓道士們自甘失敗，遠走他鄉。不過，變與不變在道樹禪師那裡雖然簡單，換到別人身上就未必了，那些被嚇走的年輕和尚們就是例證。

佛祖成佛，歷千萬劫，經無數輪回。這過程中，他的法身在變，但佛心不變，因此，雖然不同輪回中，佛祖以不同身份出現，但依然能夠成佛。這就是變與不變的本質所在了。變的是形，不變的是心；變的是外，不變的是內。

如果一件事需要形變才能解決，那麼就該去變，如果一件事要心變解決，那麼就不變。在這變與不變之間的平衡，就是這世上的大智慧。

所謂萬變不離其宗，這宗，就是心了。能夠保持心之永恆，自然可不變應萬變。

曬經不如讀經

日本非常有名的一休禪師，住在京都比睿山鄉下。

有一天，寺院要曬藏經，傳說曬藏經的時候，如果風從經上吹拂而過，人也接觸到這一種風，不但能夠增長智慧，而且可以消除災厄。

因此，「聞風」而來的信徒，不斷地湧向山上。

一休禪師也在人群裡趕熱鬧，他對大家說：「我也要曬藏經。」他說完了以後，就袒胸露肚躺在草坪上曬太陽，很多上山的信徒看了很不以為然，因為實在太不雅觀，不威儀。

寺院裡的法師跪下來勸一休禪師不要如此，一休禪師就解釋說：「你們把藏經樓的藏經搬到露天來給太陽曬，難道就威儀嗎？藏經是死的，不是活的；我曬的藏經是活的，是會說法的，是會普利人天的，我是會作務，會吃飯，有智能的人。你們應該知道要曬哪一種藏經才珍貴。」

經書雖好，但畢竟是外在的事物。一個人，不管他對經書有多麼尊重，都不代表他有真正的智慧，反而會顯露出他的淺薄。因為，經書是死的，它的真正意義在於其中的內容能夠給人以啟迪。所以，經書應該是用來看的，而不是用來曬的，更不是用來擺在高處尊重的。一個將經書擺在高處，然後自己頂禮膜拜的人，一定是沒有看過經書或者沒有看懂經書的人。正因為沒有看過或者沒有看懂，因此他們才不懂得如何讓經書更有價值。

很多人對知識有一種天然的渴望和尊重，當遇到一個苦心讀書的人，或者滿腹經綸的人，他們馬上對對方肅然起敬，覺得那人很淵博。但是，在自己閑下來的時候，卻不去書中汲取營養，這樣的人，就是不懂知識的人了。

一樣東西，如果你覺得它重要，那麼就要努力去爭取，讓他融進自己的身體，而不是將之束之高閣，然後在下面頂禮膜拜。只有行動了，將之變成了自己的東西，才是真正有用的，能給你帶來益處的。

要努力，更要知道如何努力

捨得捨得，有捨才有得。這裡的捨不僅是捨棄，還有付出的意思。也就是想要獲得某樣東西，不僅需要有取捨上的權衡，還需要持續地努力和付出。只有足夠努力，付出得足夠多，才能夠有所收穫。很多人看了這個道理之後，就轉身用心去做了，他們也足夠努力，付出得也不可說不多，但往往卻事與願違，雖努力了卻沒有得到結果。這就是過猶不及了，要知道，努力是收穫的前提，但不是收穫的必須。在努力的同時，也需要偶爾停下腳步，審視一下自己的方法和方向，同時，也要給自己留一點空間，只有方法得當，方向正確，並有充足的空間，才能讓自己的努力有意義。

有一位學僧跟隨禪師學禪，平常也非常用功打坐，雖然心無雜念，但是他總沒有開悟。

有一天他向禪師求救。禪師拿起身邊的一個葫蘆對學僧說：「你去把這個葫蘆裝水，然後把鹽放進去，等鹽溶化了，你就開悟了。」

學僧一聽，遵示照辦。不久，學僧又向禪師報告：「葫蘆的口太小，勉強地裝進鹽塊，它無法溶化；用筷子攪和又攪不動。到現在鹽塊都還沒有溶化。我想，我是沒法開悟了。」

禪師聽了以後，把葫蘆裡的水倒掉一些，然後搖動幾下，一會兒鹽塊就溶化了。

禪師慈祥地對學僧說：「一天到晚用功，不留一些平常心，就好象裝滿水的葫蘆，搖不動，攪不動，如何化鹽？又如何開悟？修行如彈琴，弦太緊會斷；太鬆彈不出聲音，中道平常心才是悟道之本。」學僧終於領悟。

禪師給學僧講述的道理，就是不僅要努力，還要懂得如何努力。一味的低頭蠻幹是不行的，還需要偶爾停下來，審視一下自己之前的所為，看看方法上是否得當，自己是否將事情做得太滿。就像學僧，如果不停下來想想該怎麼做，而是接著往葫蘆裡裝鹽，那麼，即使他用再多的力氣，也是難以做到的。因為他將葫蘆裝得太滿了。

凡事都要用功，但不能只知道用功，凡事要盡力去做，但不能做得太滿。只有在用功的同時，抬起頭來看看前面的路，並及時調整方法和方向；在發現自己將事情做得太滿的時候，停下來給自己空出一點空間，才能讓自己的努力更有意義。

要智慧不要機靈

禪家講究的是苦修，這苦為的是智慧，而不是機靈。智慧和機靈之間的差別是很大的，智慧是明瞭了事物的本質，然後得出的洞穿一切的力量。機靈則不過是一時的口舌之快，表面看去，好似有理，其實經不得推敲。

有一次，丹霞禪師去拜訪慧忠禪師。慧忠禪師被稱譽為「七帝之神」，就是有七個皇帝曾經拜他做老師，所以也叫做慧忠國師。

這一次，丹霞禪師來拜訪時，正值慧忠國師午間小睡。

丹霞禪師問道：「國師在不在？」

慧忠國師的弟子耽源答說：「在是在，不過你就是用天眼也看不到禪師。」

丹霞說：「你回答得好神妙。真是龍生龍，鳳生鳳。」對話以後，丹霞就回去了。

慧忠禪師午睡醒來以後，耽源就把丹霞禪師來拜的事告訴他。慧忠國師聽了，非常生氣，認為耽源不該無理。打了耽源二十棒，把他趕出去。

當丹霞禪師知道以後，深為佩服慧忠國師，讚美說：「真不愧是七帝之師。」

丹霞禪師該批評的時候批評，當讚美的時候讚美，可謂有大家風範。慧忠禪師不包庇弟子的錯誤，也是有大家風範的。跟他們相比，耽源的小聰明就顯出淺薄來了。

做人就要做兩位禪師這般，有大風度，懂大智慧的，而不要做耽源那般的鬥機靈者。

平時要多學習，遇到事情之後多思考，讓自己成為一個有知識有深度的人，自然就擁有更多智慧了。如果不懂得學習，一味流於淺薄，那麼難免會靠鬥機靈引起別人的關注。一定要明白，靠鬥機靈或許可以混過一時，但早晚會被人看穿，從而招人討厭的。

報恩更要知恩

一天，臨濟禪師向他的老師黃檗禪師告辭，要到其他地方去參學。

黃檗禪師問：「你要到哪裡去？」

臨濟禪師答：「不是河南就是河北。」

黃檗禪師當場就打臨濟禪師一拳，臨濟禪師抓住黃檗禪師回他一巴掌。

黃檗禪師被打了以後，哈哈大笑地呼叫侍者：「去把百丈先師的禪板和經案給我拿來。」

臨濟禪師也高聲呼喝：「沙彌，順便將火拿來。」

黃檗對臨濟道：「話雖如此，火也燒不著的。你儘管去你的，今後你必須堵住天下人的嘴巴。」

溈山靈佑禪師就這一件事情問弟子仰山禪師：「臨濟的言行是否背叛他的老師？」

仰山禪師答：「並非如此。只有知恩的人才懂得報恩。」

溈山禪師請仰山禪師在古代聖賢中例舉類似的事蹟。

「在《楞嚴經》中，阿難讚美佛陀說『我願把一顆赤誠的心，奉獻給像塵埃那麼多的國家和眾生』。其實那就是『報佛恩』。這不就是報恩的實例嗎？」仰山禪師道。

溈山禪師聽罷說道：「的確如此，見識和老師的程度相同時，會減損老師的盛德，唯獨見識能超出老師時，才可以傳授老師的遺教。」

在常人眼裡，對老師恭敬才是對老師尊重，如果反駁老師或者竟然表現得比老師強，那就是對他們不敬了，其實不然。

古人說：「師者，傳道授業解惑也。」老師是傳道的，並不是道的代表和化身，他們也有不知道的東西。因此，對老師的真正尊重，不是恭敬和恭維，更不是在老師的羽翼下尋求保護，而是獲得更多的知識，努力超過自己的老師。這樣，才能展現出自己的老師傳道的功力。

一個老師如果教不出比自己強的徒弟來，那麼，他只能算是一個知識豐富的人，並不能算是一個好的老師，甚至都不是一個合格的老師。因為他沒有掌握傳道的真正技法。所以，黃檗禪師是一個好的老師，溈山靈佑禪師也是一個好的老師。

人不僅要懷報恩之心，更要明白什麼是真正的恩。要將報恩的心用到恰當處，而不是用在表面上。對老師，最好的報恩方式是努力學習，並超越他們；對父母，報恩的方式是成就自己給他們驕傲。如果懷著報恩的心而苦守在父母身邊，一無所成，那麼給他們帶來的只能是負擔。

宜默不宜喧

靈樹院是一所道場。有一年，靈樹院舉行夏安居。四月十五到七月十五，集合佛門弟子安居一處精進修道。

五代時，後漢君主虔誠地信仰佛教，堅持禮請靈樹院的雲門禪師和大眾一起到皇宮內院來夏安居。

諸位法師在宮內接受宮女們禮敬問法，鶯鶯燕燕、熱鬧非凡。後漢君主虔誠重法，每天的禪修講座必定參與。

僧眾中幾乎每一個人都喜歡和太監宮女們說法，唯有雲門禪師一人，不管任何時刻，他都靜坐在一旁，參禪打坐，致使宮女們都不敢來親近、請示。

有一位值殿的官員經常看到這個情形，就向雲門禪師請示法要。雲門禪師總是靜靜地不作一辭。

值殿官員不但不以為忤，反而更加的尊敬，就在皇宮內院的碧玉殿前貼了一首詩：

「大智修行始是禪，禪門宜默不宜喧，萬般巧說爭如實，輸卻禪門總不言。」

所謂沉默是金，一默一聲雷。真正智慧的語言，往往並不是出自誇誇其談者，而是出自沉默如金者。因為這些沉默者，大多時候是在思考。思考讓他們更加深邃，讓他們明白了更多的道理。因此，他們才能經常口出妙語。這妙語，正是他們內心思想的外在顯現。

而誇誇其談者總在說話，自然就沒了思考的時間，不思考，無法讓自己的心得體會沉澱下來，當然無法道出妙語。

想讓自己更加成熟、更顯莊重，更受人尊重，就要養成愛思考的習慣，做到凡事想後再開口，不要隨意亂說。這樣，不僅人們會尊重你，更是會樂於與你交往。因為你不會搬弄是非，不會不懂裝懂。

跟人學更要跟自己學

一位禪者每天在藏經樓上，只打坐，藏經樓藏主，即今之館長或管理員問道：「大德，你每天打坐，為什麼不看經？」

禪者誠懇地答道：「因為我不識字。」

「既然不識字，為什麼不請人教你？」

禪者反問：「請問要請誰來教我呢？」

藏主不客氣地說：「你可以請教我啊！」

禪者起立頂禮叉手地站立不動，問道：「請問這是什麼？」藏主無言以對。因這姿勢的意思，是指自性。

禪宗不立於文字，即因為語言文字不能表達自性，不能表達真如，不能表達本來面目。

六祖惠能大師還沒到黃梅五祖弘忍大師那裡時，雖然也聽經、也解義，但是，並不能識字。到五祖那裡以後，他終日在磨房裡操作苦役，仍不識字，而他終能明心見性。可見悟道並不是從語言文字上能夠得到的。

禪者，並不是捧著經書不放的，而是懂得自悟，懂得體驗自我內心的，這樣的禪者，才更有機會悟道。如果一味迷信書本，一味執著於別人所寫，反而是入了魔道。

一個真正有智慧的人，必定是努力付出和尋找方向並重的，他們的自身修為也是內在和外在並重的。他們既從書本中汲取營養，學習智慧。也常常躬身自省，提高自己的道德修養。這類人，就是真正的聰明者了。

能說出來的是知識，不能說出來的是道德。一個人不能從書本中獲得道德，只有懂得反躬自省，才能獲得道德上的精進。只有道德上精進了，才能獲得更多人的認可，也才能讓自己的品格得到很好的提升。這樣的人，必定是能成大事的。因為一個人的外在功績的大小，往往跟其內在格局的大小相關，有大德者方能成大事。

專注

宋朝佛窟惟則禪師是長安人，少年時就出家，在浙江天臺山翠屏岩的佛窟庵修行。他用落葉鋪蓋屋頂結成草庵，以清水滋潤咽喉。每天只在中午時，採摘山中野果充饑。

有一天，一位樵夫打柴路過庵邊，見到佛窟惟則禪師，好奇地向前問道：「請問老和尚，您在此住多久了？」

佛窟禪師回答：「大概已易四十寒暑了。」

樵夫好奇：「這四十多年來，就您一個人在此修行嗎？」

佛窟禪師點點頭：「叢林深山，一個人都已嫌多，還要多少人何為？」

樵夫再問：「難道您都沒有朋友同伴嗎？」

佛窟禪師擊掌作聲，說道：「出來，出來！」話聲剛落，許多虎豹由庵後而來。樵夫大驚，佛窟禪師示意莫怕，令虎豹退出，說道：「朋友很多。大地山河、樹木花車、蟲蛇野獸都是法侶。」樵夫深受感動，自願皈依做弟子。

佛窟禪師對樵夫扼要地指示佛法心要說：「你今雖是凡夫，但非凡夫；你雖非凡夫，但不壞凡夫法。」

樵夫於言下契入，並廣為宣傳。此後，慕道者紛紛而來，翠屏岩上白雲飄空，草木迎人，虎往鹿行，鳥飛蟲鳴，成為佛窟學的禪派。

禪者心中，一瞬和四十年沒有什麼不同。禪者所悟，是沒有時空差距，沒有人我分別，沒有動靜不同，沒有生佛觀念的。靠的就是專注。

如果專注一件事，那麼，即使幾十年也不過是一瞬間的事情，因為自己有所得。很多人應該也有類似的體驗，在專注於一件事，或者非常忙碌的時候，時間會過得非常快，轉眼間一天就過去了。如果無事可做，閑極無聊的時候，時間則非常慢，感覺過了很久，其實才幾分鐘而已。

做事專注，不僅可以讓時間變得更有意義，還能讓你將一件事做到極致。因為專注可以注意到更深、更微的細節。這些，都是做事成功的法寶。

會低頭才會抬頭

南天寺的無德禪師舉行小參（也就是禪師們依學僧的需要而不定時間也不定地點舉行的一種座談會，或一種方便的開示），他對學僧們說道：「各位來此參學，長者數年、短者也有數月，不知各位找到禪心沒有？」

學僧甲說道：「我是個主觀很強烈的人，除了『我』或『我所』之外，世界上沒有什麼值得我關心的。但自參禪以後，我才發覺世界上的萬事萬物都要靠因緣才能成就的，所以每天我只想『我』與『我所』實在非常自私，現在發覺除了我以外，還有佛，我想我掌握住禪心了。」

學僧乙說道：「以前我的眼光總以為能看得見、摸得到、享受得到的具體的實質為標準；但自參禪以後，我不再短視而有遠見、不再心胸狹小而度量大如虛空，我想這就是我找到禪心了。」

學僧丙說道：「從前如果說我一天能行三十里路，我決不會去走五十里，但自從參禪以後，我才感受到以有限的生命，去印證永恆的法身時，恨不得不眠不休的每天步行一百里。我想我已經知道什麼叫禪心了。」

學僧丁就說道：「我由於學歷低經驗不足，相對的在處事方面總顯得笨拙，甚至有時會很自卑；但是自從參禪以後，自己可以擔當弘法利生的重責大任，因此我就不自覺自己笨拙，也不感到自卑了；我想這就是禪心了。」

學僧戊說：「我的身材只有五尺高，平常總是抱著『天塌下來都有高個子的人會頂住』的心態，但自從參禪以後，才感受到爍迦羅心無動轉的信念，現在在人的前面，總覺自己有丈二高的身材，我想我已體會到什麼叫禪心了。」

無德禪師點頭說道：「你們所說的是你們的進步，你們自受用的法喜，這只是一種參究的初心，而非禪心，真正的禪心在於『明心見性』，你們大家好好的修持吧。」參學僧們聽了以後就一個一個斂目內省，繼續去尋找禪心了。

幾個學僧雖然也有進步，但還沒有到境界。不過，根據他們的努力情況，用不了多久，必有所成。這就是努力的重要性了，只要懂得努力，即使明心見性那種至高境界，一樣是可以達到的，關鍵就是你是否肯去那麼做。

有的人不肯去做，是因為不知道凡事都是需要努力去做的，等是等不來的。他們工作上不願付出，總想著少做些工作，多拿些薪水，而且稍有不滿意就會轉身離開。即使沒有離開的時候，也是這山望著那山高，他們不知道，那山確實高，也確實也有更好的風景。但想要去那更高的山，需要的是更努力的付出，更辛苦地去爬。不懂得要爬的人，自然就是各地跳來跳去，總也沒個安生，也取不了任何成就的人了。

想有好的生活，想要達成更高的目標，需要的是低頭付出，而不是抬頭仰望。因為即使仰望再久，你看的東西也不會自動過來，只有低頭走，才能與之離得越來越近。

放開自己的心

日本的道元禪師三歲時喪父，八歲時喪母，從小就由叔父收養，十四歲時，在京都建民寺出家。在我國宋朝時代，道元禪師來華留學。當船在慶元港停泊時，一位年約七十多歲的老禪師上船來購買木耳。道元禪師就很親切的跟他招呼，言談中知道老禪師名叫有靜，是浙江阿育王寺的典座（煮飯的），於是就對他說道：「老禪師，今天天色已晚，您就不要急著趕回您的寺院，在我們的船上住一宿，明天再回去吧。」

有靜老禪師也非常有禮回答道：「謝謝您的好意，明天阿育王寺裡正好要舉辦法會。我要煮麵、要供養大眾，今天特地出來買木耳，以便今天晚上趕回去應明天的需要，所以不方便在這裡過宿。」

道元禪師聽了以後說道：「就算您不在寺裡，難道就沒有別人代理您的工作嗎？」

有靜老禪師回答說：「不能讓人代理。我是到了現在這把年紀，才領到這份職務的，怎可輕易放棄或請人代理？何況我未曾獲得外宿同意，不能破壞僧團的清規。」

道元禪師聽了以後說道：「您已是年高德劭的長者，為什麼還要負責典座的工作呢？

應該安心坐禪勤於讀經呀！」

有靜禪師聽後開懷大笑地說道：「外國的青年禪者，你也許還不瞭解何謂修行，請莫見怪，你是一個不懂禪心經語的人。」

道元禪師聽了以後，非常羞愧的問道：「什麼叫禪心經語？」

有靜老禪師不假思索地回答道：「一二三四五。」

道元禪師也不懂這什麼意思，再問道：「什麼叫修行？」

有靜老禪師答道：「六七八九十。」

道元禪師在宋代時到我國來學法，走遍我國名山叢林，然後在浙江天童寺如靜禪師處得法，回日後，努力弘揚禪道，成為曹洞宗的開山祖師，著有《正法眼藏》、《普勸坐禪儀》等禪門重要著作。道元禪師初到我國時，就遇到有靜這位老禪師，讓他知道中國禪林裡真是藏龍臥虎，一個煮飯的老者禪風高峻深不可測。其真正厲害的地方，就在於不給自己設定各種框框，而有些人則不然。

很多人都是給自己設定框框的，在他們看來，天黑了就該歇息，天亮了才該去工作。工作就是每天八個小時的事情，上班時認認真真，下了班就應該想些其他的了。這也是一種框框。真正懂得工作的人，上班時沒有進入狀況，就會歇一歇，做些其他事情放鬆一下。下班之後，也會想著工作。然而他們想著工作的方式不是在公司接著加班，而是將之放在心裡，看到跟其有關的事情的時候，會多想一點，多看兩眼，從而讓自己獲得靈感，將工作做到更好。這些人，就是拋棄了框框的人。這樣的人，往往有更多的效率，因為他們沒有束縛。

不管什麼事情，都不是一成不變的，只要用心，什麼形式都無關緊要。如果不用心，而只是按照別人規定的去做，那麼，付出再多，也難有收穫。

及時轉身

智閑禪師在南陽慧忠國師的地方開悟以後，大闡宗風，跟隨他學禪的人很多。

有一天，他在法堂上開示大眾：

「有一個人想要徹悟自己的本來面目，就爬到樹上用口銜著樹枝。他的腳沒有踏在樹幹上，手也沒有攀著樹枝，只用口銜著樹枝。這時，忽然有人在樹下問他，如何是祖師西來意？這位銜著樹枝的禪者如果不回答，就違反了出家人慈悲開示的本分。但是如果回答，一開口便會墮落而失去生命。你們認為，他該怎麼辦才好？」

在座的大眾面面相覷，不知如何回答。

大眾中有一位名叫虎頭招禪者，他也是一位上座，看到沒有一人回答，就站起來說道：

「上樹即不問，未上樹時請禪師說說看。」

智閑禪師聽罷哈哈大笑，以偈語回答道：

「子碎母啄，子覺母殼，子母俱忘，應緣不錯，同道唱和，妙玄獨腳。」

智閑禪師的問題問得奇特，回答的也奇特。禪者的參究，有時要一直追問下去，有時卻要注意轉身，不能一味地執著，食而不化。

虎頭招禪就給這個問題一個轉身：未上樹時就可以問了，何必要等上樹了以後才問呢？禪者應該覺悟的是：「什麼是祖師的西來意」，何必管他上樹不上樹？

然而，在場的僧眾們，卻沒有看到這一點，他們依然執著在樹上的人應不應該開口，而早已忘了，作為一個禪者應該真正去參修的東西。

這些僧眾，就是不能堅守本性，容易被外在干擾。一個小小的問題，就讓他們忘了自己本該做得事情。這時候，他們需要的轉身，轉回身來，重新走上參佛的路。可想要及時轉身也是不容易的，因為這需要他們克制住自己的好奇心。

就像那個去找桃子的小猴子一樣，他的本意是要桃子，可看見西瓜後，自己想拿，看見玉米之後，自己也想拿。最後落得兩手空空，一無所得。猴子的一無所得，是最壞的結果，其實，即使它拿了西瓜，也未必就是好的。

就比如，一個人，如果他要的是學習醫術，以懸壺濟世，救治自己的親人。在半路上，發現做律師更好些，從而轉向，那麼，即使最後成了大律師又能如何？自己親人的命還是不能夠活轉來。所以，在面對這種抉擇的時候，要做到的就是及時轉身，不要被其干擾。而想要有這轉身的能力，就要懂得克制自己的欲望。這是成佛的途徑，也是成功的途徑。

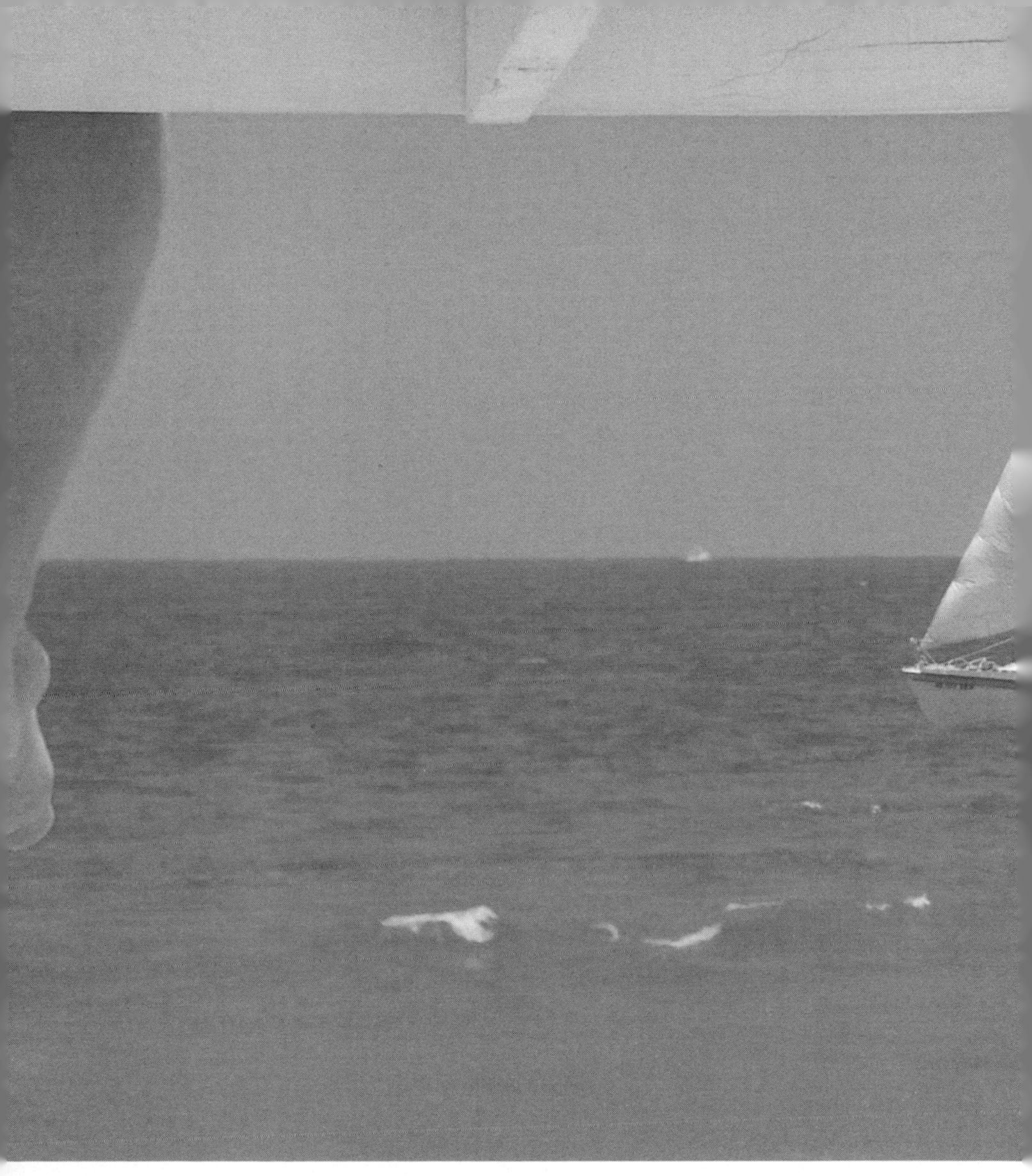

第二章
思維的廣度，決定人生的寬度

在錯誤的道路上，即使奔跑也沒有用。

的確，在錯誤的道路上奔跑，不僅不能讓我們走得更快，反而會耽誤人生的進程。
只有選對道路，步步不迷，才能真的走向那個輝煌的終點。
不管你在做什麼選擇，從事什麼行業，都不要急，要讓自己慢下來。

只有慢下來，靜靜思考，找到正確的路，才對你更加有利。

謀定而後動

不管是僧佛的禪修，還是普通人的明心見性，都講究一個心境空明。只有自己的心空明瞭，才能真正做到心如止水。心如止水後，僧可成佛，普通人能夠增強定力，從而提高自己的做事成功率，為自己營造一個很好的未來。

凡是有大作用的物事或能力，都是不易獲得的，心如止水的境界也一樣。如果不能很好地控制自己，很容易就會讓心煩躁。只有掌握正確的方法，才能讓自己靜下來，清醒地去看待一切。

參禪的人，有所謂「入定」或「出定」。打坐進入禪定，完全安住在一個寂靜的世界裡，這叫入定了。出定就好象平常的行動、行為。

一天，釋迦牟尼佛在說法的時候，有一位婦女靜坐在佛陀座旁。

文殊菩薩非常懷疑，就問佛陀：「這名女子為什麼能在您身旁就座，且入於三昧，入於禪定？有『智慧第一』之譽的我為什麼都不能？」

佛陀回答：「你把她從定中引出，自己去問她好了。」

於是文殊菩薩繞行此女三匝並撮指出聲，但是，婦女一無所動，安然坐在那裡。

文殊菩薩就運用自己的神通把她托至梵天，盡其神力都不能使這女子出定。

這時，佛陀說道：「就算有百千萬個文殊，也無法使這女子出定。如果你一定要她出定，要到下方世界過四十二恒河沙國王有一位罔明菩薩可以做得到。」

不久，罔明菩薩從地湧出，向女子稍微動彈了一下，這位女子馬上就出定了。

罔明即無明，也就是不能明心見性。人們常說，「心內生出一股無明業火。」這裡的無明，就是罔明瞭。也就是一股子發自於心中的，毫無來由也沒有任何徵兆的火氣。這火氣是干擾僧人修禪的大障礙，也是導致普通人犯錯誤的一個很重要原因。

想要讓自己專注，從而做成大事情，就要學會控制這股無明之火。不管遇到什麼事情，首先要冷靜，做到先想而後動，凡事想明白了，也就不會產生那股無明之火了。在平常的生活中，你要學會讓自己慢下來，不要凡事都根據自己的第一印象，匆忙去做決定。只有將自己的心思和行動慢下來，琢磨透了，才能做出最正確的決定。如此假以時日，自然就做到心如止水，明心見性了。

學會慢下來

羅浮山的顯如禪師初訪湖北省大陽山警玄禪師時，警玄禪師就問他：「你是什麼地方人？」

「四川益山。」

「益山離此地有多遠？」

「五千里。」

大陽禪師接著問道：「那麼遠來，你還曾踏著地走路嗎？」

「我沒有踏著地。」顯如答。

「那麼你是騰雲駕霧而來囉？」

「我不會騰雲駕霧。」

「那你是怎麼到達這裡的？」

「步步不迷方，通身無辨處。」顯如答。

大陽禪師道：「你得到超方三昧耶？」

顯如答：「聖心不可得，三昧豈彰名？」就是說禪心不可說，有得有失；三昧也不可名。

大陽禪師聽罷說：「如是，如是！你應該相信本體全彰，理事不二，你要善加護持。」

顯如禪師從五千里外的四川益州到湖北來參訪，卻說不踏片土，是因為禪者無時空，無遠近，步步不迷，未失方向。人的一生中，最難避免的就是失敗了，不管是誰，都不希望自己失敗，有的甚至還會害怕失敗。但是，其實失敗並不可怕，可怕的是沒有找對正確的路。在人生的路上迷失了，才是最可怕的。

有一種說法，在錯誤的道路上，即使奔跑也沒有用。的確，在錯誤的道路上奔跑，不僅不能讓我們走得更快，反而會耽誤人生的進程。只有選對道路，步步不迷，才能真的走向那個輝煌的終點。不管你在做什麼選擇，從事什麼行業，都不要急，要讓自己慢下來。要知道，急著做選擇是沒有用的，只有慢下來，靜靜思考，找到正確的路，做到步步不迷，才對你更加有利。步步不迷需要一定的智慧，但更需要的是小心謹慎。如果足夠小心，在做每一次選擇前都做到全盤考慮，綜合資訊，那麼，你也一樣可以做到步步不迷。

現在重於未來

洞山良價禪師有一次問他的剃度恩師雲岩禪師說：「如果您老人家百年以後，有人問我您的風姿相貌如何，我該怎麼回答呢？」

雲岩禪師說：「我沒有風姿相貌。」

對於這樣的回答，洞山良價禪師不能領悟。

有一天，雲岩禪師再對洞山良價說：「你上次問我的問題，要小心謹慎地處理。」

洞山良價不解雲岩禪師為何如此提示他，難道這類問題犯了什麼忌諱？後來有一次，洞山良價在過河時看見自己在水中的倒影，豁然醒悟雲岩禪師的話，當下作了一首偈語：「切忌從他覓，迢迢與我疏，我今獨自往，處處得逢渠，應須恁麼會，方得契如如。」

洞山良價禪師回到老師住的地方說：「老師，不管什麼時候，就算無量阿僧祇劫以後，您的風姿、您的道貌，我已經知道了。」

雲岩禪師聽道：「我的風姿道貌，不在無量阿僧祇劫以後，也不在什麼三千大千世界之內。」

洞山連忙說道：「您的風姿道貌確實不在那時，不在別處。」

修行者百年後的風姿道貌，假如是可以形容、可以說明的，這一定是假相假貌了。只有此時此地的相貌，才是真正的相貌，因此，談到自己百年之後的相貌時，雲岩禪師才說自己沒有風姿相貌。他的意思是在告訴弟子，注重當下。

不管是人、物，還是感情和事業，都是當下的最重要。如果不能把握當下，那還談什麼未來呢？如果連當下都看不清，那麼一味去追求未來也就沒有意義了。

然而，世間上卻少有人能夠瞭解這個道理。很多人整天在做的，都是憧憬未來，他們總是想著，自己將來要做什麼，在內心中描繪著將來的美好情景。但是對於當下卻從不在意。這些人不懂得，在自己幻想著未來的時候，當下已經溜走了。

一個真正有智慧的人，就是懂得珍惜當下的人。這樣的人明白，未來是當下的累積，只有將每一個當下都做到最好，才能夠贏得美好的未來。如果當下的品質不高，那麼用其累積起來的未來，肯定也不會美好。真正重要的，不是我們想要的，而是我們能得到的；真正的目標不是虛無縹緲的，而是觸手可及的。只有懂得把握當下，將我們能夠掌握的，能夠觸摸的當下牢牢抓在自己的手中，才具有現實的意義。

學會傾聽

南泉普願禪師有一次和一位學僧、一位侍者閒談。因為前一天夜裡好像有風，便問：「夜來好風？」

學僧回答：「夜來好風。」

昨天的風把一棵松樹吹斷了，所以南泉禪師又問：「吹折門前一棵松？」

學僧回答：「吹折門前一棵松。」

南泉禪師再以同樣的問題，轉身問侍者：「夜來好風？」

侍者反問：「是什麼風？」

「吹折門前一棵松？」

侍者又問：「是什麼松？」

南泉普願禪師聽後深有感解，不禁慨歎：「一得一失。」當然，這是讚美學僧，對侍者則有些失望。

南泉禪師又問侍立一旁的學僧：「你將來要做什麼？」

學僧答：「不做什麼！」

南泉禪師道：「應該要為眾生做馬牛。溈山禪師願意來生做一頭水牯牛，為眾生服務，禪者就應發下普利人天的心願；不為自己求安樂，只願眾生得離苦。」

學僧聽了老師的話，趕忙答道：「願為眾生做馬牛。」

南泉禪師轉身問侍者道：「你將來要做什麼呢？」

侍者答：「我要做像老師這樣的人物。」

南泉禪師不客氣地說：「你也應該要為眾生做馬牛。」

侍者抗聲說道：「為什麼我要為眾生做馬牛？」

南泉禪師看這兩人的回答，很慨歎地說：「一得一失。」

俗語說：「行家面前一開口，便知有沒有。」南泉禪師就是那個行家，所以只需兩個問題，就能判斷出侍者和學僧哪個有慧根，哪個離佛更近。在南泉禪師眼裡，兩個自然都是沒悟道的，但學僧離道更近，而侍者則毫無對話意義。也就是，這位學僧，是入門的學僧；那位侍者，卻還是禪門外的侍者。

侍者和學僧的分別，就是一個懂得別人的話，並在聽了別人的講解後，明白改變。侍者則是完全不懂別人在說什麼，或許，他本身也沒有想去弄懂。這就是很多人經常犯的毛病了。

有些人，很是固執，他們總是堅守自己的執念，而完全聽不進別人的勸阻，甚至本身就不想聽。這樣的人，就是侍者類的人了，他們只能徘徊在門外，永遠也進不了智慧的山門。

如果你想要成長，想要快樂，想要明白更多的事理，那麼，你就要懂得傾聽，更要懂得改變。不要堅守自己的執念，要懂得參考和理解別人的意見。所謂「聽人勸，吃飽飯。」說的也是這個道理。

聽後再言

黃龍慧南禪師有一次對一個站在他身旁的學僧問道：「百千三昧無量法門，作成一句話說給你聽，你相信嗎？」

學僧回答道：「禪師您真誠的言語，我怎敢不信？」

黃龍禪師就指著左邊的地方說：「走到這邊來。」

學僧正要走到左邊去，黃龍忽然斥責道：「隨聲逐色有什麼了結的時候？出去出去出去，不叫你。」

另外一位學僧知道了這件事，立刻走進來，黃龍慧南禪師也用同樣的話問他，學僧也回答：「禪師您的話我怎敢不信。」

黃龍慧南禪師就指著右邊說：「你走到這邊來。」這位學僧卻站在原來的位置上，不向右邊去。

黃龍慧南禪師又斥責道：「你來親近我，我講話你不聽，你不聽我的話，怎麼可以在我這裡參學呢？出去！出去！」

第二位學僧以為第一個學僧是走錯了方位才被呵斥，因而滿懷信心而去，覺得不動就好了，這就是過分依賴自己的判斷了。這樣的人，自然是要遭到呵斥的。

臨濟禪師曾講過這樣一個故事：有一個人，對自家的路非常熟悉，閉著眼睛也能走回家中。有一次下雨之後，他從朋友家回來，朋友讓他拿著燈籠，但他不要，說自己閉眼都能找到回家的路，所以天黑點也無所謂。可是，就在家門口，他掉到了水坑裡。原來，因為雨下得太大，積滿了院子，他兒子便在門口挖了一條排水溝，那時候，這人正在朋友家做客，自然不知道，所以才會掉了進去。

這人就是學僧一類的人了，他們太過相信以往的經驗，因此不承認世事都有變化，從而做了錯事。他們的行為是可以給人很多提醒的。

你認為對的，可能會隨著時間的改變變成不對。你覺得自己已經做過千遍的事情，未必下一次就能做好。一個聰明的人，會將每一次都當成第一次，因此，雖然是重複的事情，他們每做一次也會有一些新的感悟。學僧要是明白這個道理，自然不會被呵斥，雨中回家的人要是明白這個道理，也便不會掉進水溝了。

磨刀不誤砍柴工

虔誠信仰佛法的楊庭光居士在司空山會見了本淨禪師，問道：「生死事大，無常迅速。我一心一意的求道，該如何了脫生死？請禪師開示我吧！」

本淨禪師說道：「你是從首都來的，首都是帝王所在之地，有很多禪者高僧。你不在那裡問道，反到我這司空山來問道。所謂了脫生死，我一概不知。」

當楊庭光再想問時，本淨禪師說：「你到底是要求佛，還是要問道？求佛的話，即心是佛。問道的話，無心是道。」

楊庭光不懂本淨禪師話中的禪意，再度請求本淨禪師給他開示。

本淨禪師道：「所謂即心即佛，就是佛由心得。若再悟無心的話，便連佛也沒有了。而無心，不外乎是真正的道。」

楊庭光向本淨禪師說：「都城的大德們都跟我說，學佛要有佈施、持戒、忍辱、苦行等。禪師您卻說，無穢的般若智慧本來就具備，不需要經由修行來獲得。若是如此，我以前所作的佈施持戒等修行，原來都是白費的。」

本淨禪師斬釘截鐵地說道：「白費的！」但是，我們又聽到一首詩偈：「三寶門中佛好修，一文施捨萬文收，不信但看梁武帝，曾施一粒管山河。」可見佈施有很大的功德。

福德與福德性不同，佈施持戒是福德，當然修多少就得多少。而福德性就不是有修有證的，福德性是無限的、本有的。好比做成的一件件事和做事的能力。做成了一件又一件的事情，是值得高興也值得堅持的。但更重要的是培養自己的做事能力，因為有了做事能力就可以在以後源源不斷的做成事。

我們想要取得成功首先要培養自己的能力，把心用在正在做的事情上，更要把心用在這件事情之外。每完成一個環節，都要停下來，好好的整理和思索：在這個環節中，哪些做法可取，值得以後發揚；哪些做法錯了，以後要改正。

動起來

趙州從稔禪師，山東人，十八歲時到河南參訪南泉普願禪師。當他見到南泉普願禪師時，南泉禪師正在床上休息；因為見是一個小孩子來，所以也就沒有拘什麼禮節，仍然躺在床上就問道：「你從哪裡來？」

趙州就回答說：「從瑞相院來！」

南泉禪師再問道：「見到瑞相了嗎？」

趙州就回答說：「沒有見到瑞相，只見到一尊臥如來。」

南泉禪師一聽，趕快坐起來，對趙州剛才說的話頗為欣賞，問他道：「你是有主的沙彌？還是無主的沙彌？」

趙州回答道：「我是有主的沙彌。」

南泉禪師再問道：「誰是你的師父呢？」

趙州恭敬的向南泉禪師頂禮三拜以後，走到南泉禪師的旁邊，非常關懷的說道：「冬臘嚴寒，請師父保重。」

南泉禪師非常器重他，因為趙州禪師用行動來代替語言。從此師徒相契，趙州就成為南泉普願禪師的入室弟子。

有一天，趙州禪師請示南泉禪師一個問題：「什麼是道？」

南泉禪師就用馬祖道一禪師的話回答他說：「平常心是道。」

趙州再問道：「除了平常心之外，佛法無邊，另外還有否更高層次的道呢？」

南泉禪師回答說：「如果心中還有什麼趣向，就會有了那邊、沒有了這邊；忘了後面、顧了前面。因此所謂『道』就會失去全面性，被扭曲了的東西，怎會是圓融無礙的道呢？」

趙州聽了以後再問道：「如果佛法沒有一個趣向，四顧茫茫，我怎麼知道那就是『道』呢？」

南泉回答說：「道不屬知、不屬不知，知是妄覺、不知是無記。若欲真已達到不疑之『道』，你應當下體悟。『道』猶如太虛，廓然蕩豁，豈可強是說非耶？」

趙州禪師心下契然，後來成為了大禪者。

在一般人眼裡，趙州禪師的性格是有些乖戾的，從不按常理來行事。其實，這是誤解。趙州禪師的乖戾不是來自於其性格，更多的是來自於他的智慧。只不過這智慧一般人理解不了，因此看在眼裡的時候，覺得有些不大妥便。

一般人拜師的時候，都是恭恭敬敬地說明來意，然後請求師傅收留，但趙州禪師不置一言，而是用行動來證明。這就是其智慧的體現了。不過是，未入禪門的趙州禪師的不尋常舉動我們尚能瞭解，入了禪的趙州禪師已經有大智慧了，很多事情我們不能一下看出真意來，因此才會覺得他行為乖戾。

很多人的智慧都在嘴上，因此容易流於淺薄，趙州禪師的智慧在行動上，因此往往深刻。明白了這點，也就知道該如何去像趙州禪師學習了。應該學習的正是他這份行動。

凡事不要只流於口頭，而要將之化為行動，只有行動才是最有意義的，口頭上的言說，短期或許看起來比較厲害，一旦經歷了時間，就顯出淺薄了。一個成大事的人，往往正是一個熱衷於行動的人。

於無路處找出路

唐朝時候的太守李翱，是一位很有名氣的學者。有一天他去拜訪南泉禪師，問道：「古時候有一個人在玻璃瓶裡飼養著一隻小鵝，後來鵝漸漸的長大起來，終於沒有辦法從瓶中出來，養鵝的人既然想救鵝出來，又不想把瓶子打破，請問禪師，假如是你的話，怎麼樣才能兩全其美？」

話剛說完，南泉禪師突然叫道：「李翱！」

李翱一聽，很自然的回答道：「在。」

南泉禪師微微的笑道：「出來了！」李翱此際終於對禪師的這種超越的道理有所契悟。

我們一個人在這個世間，和小鵝一樣，其實是被瓶子把我們束縛住，不能出來、不能自由。比方說，我們要想求錢財，錢財就束縛了我們；我們求功名富貴，功名富貴也會束縛了我們；我們在人情的圈子裡面打轉，我們在事物裡面被束縛，讓我們找不到出路。我們要想脫出名枷利鎖的束縛，還是需要靠我們自己。能夠超脫，靠別人來幫忙，總是有限的。吾人的自性本來是天真的、自然的、無染無縛；就是因為一念貪執、一念無明，所謂一念妄想分別，終為名枷利鎖所困。若想跳出煩惱深坑，重獲自由自在的生活，就如瓶中之鵝，何能安然而出？到這個時候只能靠我們當下認識自我不壞一法。

很多我們看起來的絕路，其實不是真正的無路可走，不過是自我束縛罷了。跳出自我，從另一個角度來審視自己，就會發現，其實無路就是有路，且有千萬條路。只不過那些路隱藏在我們的內心深處罷了，只要真正走進了內心深處，自然能夠發現這條路。

想要發現這路，需要我們有一個灑脫的性格，有一個強大而堅韌的內心，更需要我們有拋棄欲望的勇氣。而這裡面，又以最後一點，拋棄欲望最為難得。其實，這裡的拋棄並不是像佛家那般，完全清淨了六根，而是將之看淡，不再被其左右。要明白，物質是為我服務的，它們是我的奴隸，而不是我得主人。只有意識到了這一點，才能將那些物質欲望慢慢的看淡。做到了這點，之後的事情，也就水到渠成了。

一默一聲雷

參佛的人，往往都會去得道的禪師處問道，想透過禪師的提點讓自己獲得頓悟。有些人聽了禪師幾句話，明白了些許道理，就覺得自己已經很厲害了，立即轉身而去，開始滔滔不絕地佈道，儼然一副無所不知的樣子。其實，這不是真正的悟道。真正的道，不在一個人滔滔不絕的言說當中，而是在於自己的體悟。如果沒有刻苦的體悟，不管學過多少經文，也只能是禪的門外客。

有位研究佛學的學者法師向馬祖道一禪師問道：「不知道禪宗傳什麼法？」

馬祖禪師反問：「你傳什麼法？」

法師說：「敝人講過的經論有二十餘部。」

馬祖禪師道：「莫非你是騎獅子的文殊菩薩。」意思是：你傳了這麼多的經論佛法，應該有大菩薩大智慧了。

法師謙虛地說：「不敢！不敢！」

馬祖道一禪師突然做噓噓聲。
法師很肯定地說：「你這噓噓，就是法。」
馬祖道：「這是什麼法？」
「獅子出窟法。」
馬祖聽後默然。
法師說道：「不說話也是法。」
「不說話是什麼法？」
「是獅子在窟法。」
馬祖道一禪師這時說：「獅子不出也不入是什麼法？」
這位研究教理的法師終於回答不出，想辭別而去。馬祖道一禪師召他回來，法師於是回頭，當他回頭時，馬祖道一禪師追問了一句：「回頭是什麼法？」法師還是答不來。
馬祖道一禪師終於說道：「這是愚人說法呀！」
《維摩經》裡維摩居士的「一默一聲雷」，這「一默」有無限的意義。
這裡的沉默並不是一句話不說，更多的時候，是一種態度，或一種另類表達。他想表達的不是沒話可說，而是不需要多說，其意思都在心裡。就像很多領導一般，他們很少像那些傳播小道消息者一樣，說三道四，但他們卻能夠得到更多的尊重。個中原因，就在一個默字。因為他們大多數的時間是在思考。這思考，才是真正的力量。

想成為一個有力量，有智慧的人，就要學會沉默、學會思考。將別人誇誇其談的時間，用在沉默思考上；將別人恣意玩鬧的時間，用在沉默思考上。那麼用不了多久，你就是眾人中的思想者，是給他們提供智慧的人。那時候，你的沉默自然就不再是人們眼中的「不合群」了，而是一種力量。這就是一默一聲雷。

反主為賓

人都是自信的，常會覺得自己很厲害，有智慧、有能力、有膽量。但現實中，這些特點往往都是經過自己放大的，不過是一個人的一廂情願罷了。一旦遇到真正的緊急情況，就會發現，其實自己沒有想像中那麼厲害。

之所以會這樣，就是因為我們往往並不能真正認識自己，因為不能真正認識自己，所以才會在對自己進行判斷的時候產生誤差。要消除這種誤差，就需要刻苦努力，凡事都反求諸己，從自己的身上找問題。當真正瞭解了自己之後，這種情況自然就不存在了。

有一年快要過年時，雲遊在外的佛光禪師終於在除夕夜趕回寺裡。可是寺中弟子平遂住的寺院沒有人，其他弟子都被信徒請回去供養。

禪師一看全寺漆黑一片，敲門也沒有迴響，只好盤腿禪坐在寺前等候。

等了一會兒，同行的侍者不耐煩，就在寺前四處探望，終於發現一扇窗戶沒有上鎖。侍者身手矯健，爬窗而入，開門請佛光禪師進去。

佛光禪師進去之後，轉身交代侍者：

「把所有的門窗反鎖。」

大約過了兩炷香以後，平遂終於回到了寺中。他掏出懷中的鑰匙，試了又試，就是無法把門打開。

平遂很納悶，自言自語：「鑰匙明明沒有帶錯，怎麼打不開？」平遂不死心地再試，門依然頑強地緊閉著。

平遂不得已，只好撩起衣衫，從側門邊的一個廁所邊的一個小窗戶，破窗而入。哪知頭才剛剛伸入室內，突然從黑暗中傳來低沉渾厚的聲音：「你是什麼人！爬窗做什麼？」

平遂一驚，就跌了下來。心想：莫非自己走錯了人家！

佛光禪師命侍者開門，把平遂迎了進來。平遂一看師父回來，趕忙上前禮座，道：「弟子剛才確實是嚇壞了。師父那一聲輕喝，如同獅子吼聲，讓弟子真不知道誰是主，誰是賓了。」

明明自己是寺主，給屋內的人輕輕一問，竟然有反主為賓的感覺。平常執著的自我，也有這麼忘失的時刻。這，就是沒有真正悟道，沒有徹底認清自我了。

想要改變這種境況，對僧人來說，靠的是繼續修行，達到忘我境地之後，自然就不會再有這類事情發生了。對於一個普通人來說，就是放下執念，努力培養自我精神，達到真正瞭解自己的境界。那時候，自然不會因為別人的一聲吼，就不知道自己是誰了。因為你已經在你的內心了。

剎那不離

人生在世，總是要經歷離別的。有的是短暫的分開，有的則從此不再見面了。被煩惱纏身的人，往往就會因這些離別而傷懷，從而鬱鬱寡歡，不再歡笑。其實，這都是大可不必的。佛家說，人生沒有終點，也沒有時間和空間的分野。只要心到了，即使天涯海角天各一方，依然好似剎那不離。

洞山良價禪師穿好了海青、大袍，披搭了袈裟法衣，正式向老師雲岩禪師告假辭行。

雲岩禪師問他要去哪裡，洞山禪師回答：「只想換個地方去參學。『一鉢千家飯，孤僧萬里遊』。至於目標地點，自己也不知道。」

雲岩禪師故意提示道：「計畫去湖南？」

「不是。」

「那麼是回家？」

「也不是。」

「你打算什麼時候回來呢？」

「等我找到可以落腳的地方以後，我會馬上回來。」

雲岩禪師感到洞山禪師心中已有主宰，如果仍在去回的問題上議論，反而給人覺得在知見上有所停滯，所以說道：「你離開此地，法界寬廣，我們師徒要想再相見，只怕不容易了。」

洞山良價合掌說道：「虛空法界空廣，也只是一粒沙石、一微塵；時間遙遠，其實只是一剎。在一粒微塵、一剎那裡，還有什麼別離？」說完頭也不回地走了。

洞山良價禪師在雲岩禪師處一待就是數十年，他的參學是找一個落腳的地方，是永恆的歸宿，是寂滅的境界。雲岩禪師要說今後相見不易，因為迷悟的世界不同。但洞山良價不辜負老師的苦心，用禪語解了老師的疑問，讓老師從此釋懷。

洞山良價禪師最後那番話的意思是在說，大家每天相聚在一處，心靈不交流，思想不溝通，精神不相依，也等於沒有一刻相處相聚。但是，如果心與心是連接在一起的，那麼即使相隔時間再長，彼此距離再遠，也彷彿從未分別一樣。這就是雖然彼此已經分離，但卻如剎那不離的道理所在。

不要再對離別掛懷，只要你們的友情在，你們的心相連，那麼不管時空如何改變，都彷佛還在一起一般。如果彼此內心沒有對方，那麼即使面對面，還是無法感知對方的存在。因此，想要不經受離別的苦，就要為自己經營可以交心的朋友，這樣的朋友多了，那麼即使你獨自一人在異鄉，也依然不會感到孤單。因為你的心，是跟朋友們緊緊相連的。

從平淡中發現藝術

有一天，趙州禪師到桐城縣，與安徽舒州投子山大同禪師在途中相遇；趙州禪師便問道：「你是投子山主嗎？」

大同禪師將手攤開說道：「鹽、茶、油請隨意買一些。」

趙州禪師不睬他，就先快步的到舒州投子山去。大同禪師隨後也提著一個油瓶，回到庵中。

趙州禪師一見指斥道：「久聞投子山大同禪師大名，原來只是一個賣油翁。」意思是說你是一位大名鼎鼎的禪師，不弘揚禪道，怎麼到外面賣油。

大同禪師也不甘示弱的回答道：「我也久聞趙州禪師是一位大名鼎鼎的禪師，原來也只是一個俗人；你只認識賣油翁，卻不認識投子山主。」

趙州禪師問道：「我何以是個俗人。」

投子山大同禪師答道：「因為你不認識投子，所以我說你是一個俗人。」

趙州禪師再問道：「如何是投子？」

大同禪師提起油瓶道：「油油。」後來投子山的勝因禪院就是由投子大同禪師所開山。

投子在圓寂前曾說：「我圓寂後奉安的塔如果變成紅顏色的時候，你們就知道我會再來的。」過了一百多年，信徒修塔，果然發現瑪瑙色的舍利塔變成紅色了，在這一天，恰巧有一位義青禪師到投子山勝因禪院來掛單；大家於是稱呼這位義青禪師叫「開山再來」，義青並作有開山塔頌：「白雲鎖不住，青峰以何收；月色籠寒塔，松聲半夜秋。」

這投子義青就是大同禪師的再來人了，大同禪師之所以有如此法力，就在於他臻破了禪的真諦，明白禪就在柴米油鹽當中，就在生活的本質當中。因此，他才會化成賣油翁與趙州禪師相見。

人都希望生活能有高潮，認為那高潮能讓生活更加精彩，讓自己的生命更多意義。但是生活不可能永遠處在高潮當中，更多的是柴米油鹽這類的平淡瑣事。面對這瑣事是否能夠從這些瑣事和平淡當中體驗到生活的美好，就決定一個人的生命是否有品質。聰明的人，懂得生命的人，能夠從平淡中找到溫馨；愚笨的傢夥，則看到的只是乏味的重複。

想要從柴米油鹽中找到溫馨，就要靠一顆會發現會觀察的心了。一個有心人，每次面對柴米油鹽的時候，都有不同的感覺。就比如做飯，他們想的不是如何填飽肚子，而是如何將眼前的這一道菜做出味道來，在這樣的人眼中，做飯不只是慣常的重複性勞動，而是一種類似藝術的體驗。所以，相對來說，很多人做飯就是做飯，但懂得生活的人則是在烹飪。這烹飪，就有藝術在裡面了。

體驗別人的心

有一個學僧到南陽慧忠國師的道場裡參禪學道。有一天，他向南陽慧忠國師問道：「禪是心的別名，而心是在佛不增、在凡不滅的真如實性，禪宗的祖師們將此心易名為性，請問禪師心與性之間的差別如何？」

慧忠國師毫不隱藏的回答道：「迷時心是心、性是性，心性是有差別的；悟時心是性、性是心，則無差別。」

學僧又問道：「經上說佛性是常，心是無常，為什麼你說心與性無差別呢？常與無常難道沒有差別嗎？」

南陽慧忠國師說道：「你只依語不依義，譬如寒時結水成冰、暖時融冰為水，迷時結性成心、悟時融心成性。心性本同，依迷悟而有差別；在本體上心性是不二。」

兩個瞭解本性的人，雖然用不同的詞語，自然也能明白彼此話中的真意，因為他們的心是相通的，懂得從對方的角度思考。這從對方角度出發的換位思考，就是溝通的關鍵了。

在如今的社會中，就有很多不懂這些道理的人。他們也經常跟人交談，但總是無法找到共同的頻道，經常是雞同鴨講，這就是彼此間心意不通，不懂得換位思考的緣故了。誤會，就常常是由此產生的。

想要不產生這類的誤會，就要嘗試著走進別人的心，從別人的不同表述當中，發現其真意。而不是被表面的詞語擾亂，從而產生誤會。更重要的，是要懂得從對方的角度去考慮問題，只有體驗別人的心，才有可能懂得別人的心。懂得了別人的心，自然就不會產生誤會了。從而，也就有了跟朋友，跟家人的有效溝通，並避免彼此傷害。

條條大路通羅馬

唐朝的陸希聲居士初訪仰山禪師時，問道：「三門俱開應從何門進入？」

仰山禪師回答道：「從信心門入。」

希聲居士再問道：「其他二門要它何用？」

仰山禪師隨即回答道：「亦可從其門而入。」

希聲居士再道：「究竟要從何門進入？」

仰山禪師答說：「從慈悲門進入，從智慧門進入皆可以。」

希聲居士仍然再問：「另一門如何進入？」

仰山禪師回答道：「一門即可，還要二門三門做什麼？」仰山禪師的意思是佛法一門即可，從三門進來也是一門。因為信者裡面有慈悲、有智能；慈悲裡面有信仰、有智能；智能裡面也是有慈悲、有信仰。所以仰山禪師的意思：信門者可以入佛，慈門者可以入法，慧門者也可以入僧。所謂三寶佛法僧，每一皆是寶。

陸希聲居士又再問道：「不出魔界便入佛界如何？」

仰山禪師點頭三下，陸希聲禮拜，拜畢又問道：「禪師你持戒否？」

仰山回答：「不持戒！」

希聲再問：「坐禪否？」

仰山禪師回答：「不坐禪！」

陸希聲沉思良久，仰山禪師問道：「你會嗎？」

陸希聲想想回答道：「不會。」

仰山禪師說一首偈語：「滔滔不持戒，兀兀不坐禪，釅茶三兩碗，意在钁頭邊。」

俗話說「條條大路通羅馬」，亦即「門門皆可入佛道」的意思。陸希聲居士不懂其中含義，因此才不斷發問。在陸希聲居士的心中，要想悟禪，就必須要把禪門的所有功課都做好，其實這是大可不必的。禪門功課不過是手段罷了，而且不同的功課就是不同的手段，他們是平行的，而不是相互結合的。就好比你要去一個地方，從小路走可以到那裡，從大路走也可以到那裡。不需要小路走一遍，大路也走一遍。因此才說，門門皆可入佛道。

世間事大都遵循這個道理。就好比你要做一個良善的人，那麼你去捐助窮人可以達成這個願望，你去幫助孤寡老人也可以達成這個願望。這兩者中，你只要將其中一個做到最好，你就是一個良善的人了，不需要兩者都去做。

做其他事情也一樣。認准一個環節，將之做到最好，做到極致就是成功了。並不需要將每一個環節都弄通。如果想要每一個環節都弄通，那麼多數就會變成門門通，門門鬆了，這是最無益的。

話在話外

黃檗希運禪師有一次到廚房時，看到典座（負責煮飯的出家人）就問：

「你在做什麼？」

「我正在準備禪僧吃的米。」

「每天需要吃多少米？」

「每天三餐要吃兩石半米。」

「是不是吃得太多了？」禪師問。

「我還擔心不夠吃哪！」典座答。

黃檗一聽這話，順手就打了典座兩個耳光。

典座把這事告訴臨濟禪師，臨濟禪師很不以為然，答應替典座問一問。

臨濟禪師到了黃檗禪師那裡，正想問，黃檗禪師就先提起此事。

臨濟禪師說：「典座不明白老師為什麼打他。」

黃檗禪師說：「你說什麼，問什麼？你要知道我為什麼打他？」

臨濟禪師仍不服氣：「難道擔心不夠吃也不行嗎？」

黃蘗禪師道：「為什麼你不回答明天還要吃一頓呢？」

臨濟禪師捏起拳頭大聲說道：「說什麼明天，現在立刻就要吃。」說完順勢揮拳過去。

黃蘗禪師用手擋開責怪道：「你這個瘋和尚，又來這裡拔虎鬚。」

臨濟禪師怒吼著走出僧堂。

黃蘗禪師反而歡喜：「這隻小虎的頭上現在已經長角了。」意思是更加的兇猛了。

後來，溈山靈佑禪師和仰山慧寂禪師討論這件事。仰山說：「他們的用意如何呢？」

溈山道：「生了孩子，才知道親情的偉大。」

「我卻不認為如此。」仰山道。

「那你又作如何想呢？」溈山問。

「這就恰如把小偷領進家中偷自己的東西。」溈山靈佑禪師聽後哈哈大笑。

佛家之意，不在問，而在答。真正看一個佛者修為的正是他們對各種問題給出的答案，這答案不一定要切題，但一定要有智慧在。這智慧，才是他們最看重的。所以，臨濟禪師做了什麼並不重要，只要他的行為中有智慧在就行了。而且，很多時候，師徒相對的語境中，學理本就是大於倫常的。

人不管做什麼，都要有一股較真的勁頭，要看重理大於看重人情。這樣才不會辜負自己。當然，也不是說人情就永遠不要看重，而是要分情況。當直抒道理，可能會傷害人的時候，就可以考慮一下人情的方式。用較為委婉的方式表達，如果非此類情況，那麼就要注重道理大過注重人情了。

不曲解理想

岩頭、雪峰、欽山等三位禪師，有一天在路上遇到定上座，岩頭禪師問定上座說：「你是從那裡來？」

定上座就回答說：「我從臨濟院來。」

岩頭禪師又問道：「臨濟老師還好嗎？」

定上座老實地回答說道：「臨濟老師已經圓寂了。」

岩頭禪師等三人一聽就非常悲傷，說道：「我們三個人今天特地要去禮拜老師，無奈福德因緣這樣的淺薄，未能見到老師，老師就走了。現在請您把老師在世時的教誨說一些給我們聽聽好嗎？」

定上座就回答道：「臨濟禪師常開示說：在我們肉體中，有一個無位真人，常常從眼、耳、鼻、舌、身、意中出入，你們看到的時候、聽到的時候、思想的時候，都可以產生活生生的活動的感覺，沒有這一種自覺體認的人，就要打開心眼看看。」

岩頭禪師聽完後，不自覺地伸出舌頭，但欽山禪師卻說道：「為什麼不稱作非無位真人呢？」

定上座突然抓住欽山禪師道：「無位真人和非無位真人有什麼不同？你說你說。」

欽山禪師無言以對，臉上青一陣白一陣的。岩頭禪師和雪峰禪師就趕快靠近定上座謝罪說：「這個人是新來參學的，不知好歹，得罪了上座，請原諒。」

定上座聽了以後就說道：「如果今天不是你們兩位說情，我便把這位初參者捏死。」

定上座的本意是在怪罪欽山禪師的不懂道，覺得其一句話斬斷了佛緣。這一斬斷，欽山禪師的修為也就不足道了。直到後來兩位禪師出來勸解，定上座認為這兩位禪師又將斬斷之緣續接上了，因此才放過了欽山禪師。

有些人可能會認為，定上座有些小題大做了，其實不是。一個人最可怕的就是將自己的理想曲解了，將理想曲解了之後，這個人也就失去了存在的意義。這才是定上座發火的真正原因，他是在痛惜欽山禪師的不悟。

不曲解自己的理想首先要知道自己想要什麼。比如你有一個夢想，想買一套房子，那麼，你就要知道，你要的是這間房子的本身，還是擁有房子的那種感覺。如果是前者，那麼你就該去努力工作，賺到買房子的錢。如果是後者，那麼你就該強大自己的內心，讓自己有更多的安全感。如果弄錯了，將擁有安全感當成是擁有某一座具體的房子，那麼即使你得到了那房子，依然會感覺失落。因為你的安全感還沒有得到緩解，房子有了，你又會有其他方面的顧慮。如此一來，往往就會形成惡性循環，你一直有想要追求的東西，也一直在追求，但你卻從未真正得到擁有那些東西的快樂和成就感。

吃出快樂來

古來的禪僧們，有人和他們談禪論道，你跟他說有，他用「無」給你做答案；你跟他說無，他跟你以「有」做回答；你談相，他論性；你說性，他跟你說相。不是說故意唱反調，有時候他是見你在左了，便用右把你帶回到中道；見你在右了，便用左把你帶回到中道的禪心。

有個禪僧問睦州禪師說道：「我們每天都要穿衣吃飯，並且天天重複，今天穿衣吃飯，明天還要穿衣吃飯，後天也要穿衣吃飯，實在是非常的麻煩。請問禪師，如何才能免除這許多的麻煩？」

睦州禪師回答得非常的妙，他說：「如何能免除這許多的麻煩呢？我們每天要穿衣吃飯。」

這個禪僧坦誠的說：「我不瞭解。」

睦州禪師斬釘截鐵的告訴他道：「如果你不瞭解，那你就每天穿衣吃飯。」

禪是單純的存在，不假他物，但禪也是離不開生活的。每天的穿衣吃飯都是禪，正因為此，睦州禪師才告訴禪僧，要去穿衣吃飯。意思是告訴他，穿衣吃飯中有禪，現在你不懂這其中的禪，那麼你就要去做這些事情，經過自己的體驗，領會日常穿衣吃飯中的禪。

這祕密就在於一種心境，將物質和精神合而為一的心境，在物質生活中體驗精神快感，在精神世界裡發現物質生活的美妙。而這層意思，也正是睦州禪師想要告訴禪僧的。

很多人也有禪僧的苦惱，覺得每天都要吃飯穿衣，很是麻煩，不僅耽誤時間，而且毫無樂趣可言。這就是精神和物質沒有一致的現象了。

一個真正快樂的人，其快樂不是從外界獲得的，而是發自內心的，他們的快樂也不是偶然的，而是持續的。這持續就是源於精神和物質的一致。一個懂得生活的人，在穿衣的時候，能夠發現美感，這美就是他快樂的源泉。在吃飯的時候，他追求的不是吃飽，而是食物的味道，這味道就是他們快樂的源泉。

生活中的每件小事，每一個角落，其實都有快樂蘊藏在裡面，關鍵在於是否有一種心境，能否發現它們。

識人之能

人生難免會有煩惱，有的煩惱來自內心的焦慮，這種焦慮通常是因為自己的願望無法實現而導致的。但是，更多的煩惱是來自外界的干擾，比如說人情，比如說別人求我們做一件我們本不想做的事情。如果不去，顯得自己不合群，如果去了，則又委屈了自己。這時候，就產生煩惱了。其實，對於這點，完全不用在意，保持自我就夠了。

杭州淨土院的藥山惟政禪師，禪學很高，持律也很謹嚴。曾接引太守李翱皈依佛法，也曾入朝為唐文宗解釋「蛤蜊觀音」之事。

禪師生性淡泊，不喜應酬。所以，當朝大臣，爭相供養，禪師均藉故推辭。但是，禪師與當朝蔣侍郎頗有深交。

有一天，蔣侍郎對禪師道：「明日寒舍文人雅集，多是當代學者名士，希望禪師撥冗前往，普灑甘露，演說妙法。」

藥山惟政禪師推辭再三，無奈侍郎堅請，不得已勉強承諾前往。

第二天，蔣侍郎派人前來迎接，藥山惟政禪師已不在寺中，留下一首偈語：

「昨日曾將今日期，出門倚杖又思惟，為僧只合居岩穴，國土筵中甚不宜。」

迎者將此呈交侍郎，侍郎非但不怪禪師失信侮慢，反而更加尊敬，認為藥山惟政禪師才是他真正的方外之交。

在朋友和自我之間，人難免要面臨二選一的時候。這時候，該如何選擇呢？藥山懷政禪師選擇了自我，因為他明白，我之為我在於異人處。每個人都是跟別人不一樣的，這正是我的價值所在。如果我們跟別人完全一樣了，那麼，我也就沒有價值了。而別人的盛情邀請，往往就是希望改變我們的思維，讓我們用他們的觀念來思考。這是一個有自我的人所不能接受的，也無須對此進行讓步。

而且，一個真正的朋友，就是不強迫我們做我們不願去做的事情的人。如果這個人強迫我們了，那麼，他也就不值得我們去交往了。

想要獲得真正的快樂，就要學會選擇朋友，並學會保持自我。真正的，不用友情強迫我們的朋友才是對我們有益的，一個不懂得尊重我們內心想法的朋友，給我們帶來的往往並不是輕鬆，反而會成為我們的負擔。同樣，保持自我也是獲得快樂的一個重要途徑，只有保持了自我，不去做不喜歡的事，才能有更加輕鬆的心情，這是誰也無法否認的。

一個真正成熟的人，不是圓滑世故會做人情的人，而是懂得拒絕，能夠保持自我的人。一個受人歡迎，受人尊重的人，不是朋友滿天下，而是有很多懂得尊重我們的人。這樣的人，自然是比別人更加快樂，也更受人喜歡的。

何必太匆忙

楊岐方會禪師是江西袁州人，俗姓冷，少年時就很機警聰明，在湖南潭州道吾山出家，閱讀經典有過目不忘之譽。他追隨慈明禪師有很長一段時期，自願負責監院的工作，雖然過了十年，但未能有所省悟，每次請求參問，慈明禪師總是回答道：「你的工作繁重，以後再說吧！」

後來有一天他又去參問，慈明禪師說道：「監院以後的兒孫滿布天下，你急於悟道，忙什麼呢？」

有一天，慈明禪師外出，忽然下雨，楊岐在小路上遇到他，他就拉住慈明禪師說道：「老師，您今天必須說給我聽，不說我就不讓您回去。」

慈明禪師說道：「監院，你如果要知道這個事，一切便休。」話剛說完，楊岐忽然耳中轟然一聲，心中忽覺陽光一閃，即刻大徹大悟，跪拜在雨地上，汗水、淚水與雨水一齊流下說道：「至今一切便休，至今一切便休！」

有一天，慈明禪師上堂說法，楊岐禪師出眾問道：「幽鳥語喃喃，辭雲入亂峰時如何？」

慈明禪師說道：「我行荒草裡，汝又入深村！」

楊岐禪師又道：「萬事雖休，更借一問。」慈明禪師便大喝一聲。

楊岐禪師反而稱讚道：「好喝，」慈明禪師又喝，楊岐禪師也跟著喝：慈明禪師連續喝了三喝，楊岐便頂禮三拜。楊岐禪師禮拜後，恭敬誠懇的說道：「報告老師，這個事必須是個人才能承擔！」慈明禪師聽後拂袖便行。

慈明尊者不肯急急為他說破，是希望楊歧禪師養深積厚，再待機緣。但楊歧禪師悟道心切，只有說出，希望能早一點覺悟，所以真是好一個楊歧禪師，先說至今一切便休，再說一切必須自己承擔；慈明禪師拂袖，意即讓你自己承擔。

楊歧禪師後來有一首偈語便說：「心隨萬境轉，轉處實能幽，隨處認得性，無喜亦無憂。」

這楊岐禪師也算是有大慧根的人了，然後還是因為太過焦急，而無故延長了悟道的時間。由此可見，不管做什麼，操之過急是不行的，還是要按部就班的來。

不過，道理雖然都明白，但落到行動中，往往有人就又記不得了，因此還是會急忙忙的去追尋，結果反而落得一無所得。

這類的人，就是沒有認識到做事的真諦了。世間萬事萬物都有一個發展的過程，這過程是一種積累，是成事的必須，是絕對不可縮短的，如果縮短了，那麼往往就會出現問題。

就像有人看見蝴蝶奮力衝破蠶繭時的痛苦模樣，因此心生憐憫，用剪刀將蠶繭剪開，以幫助蝴蝶。結果導致蝴蝶身體臃腫，再也沒有了飛行能力。之所以這樣，是因為蝴蝶從小小的蠶繭口往外衝出的時候，正是改變身體機能的時候。這個過程會讓它們將血液充分的擴散到翅膀上，從而讓翅膀有力，能夠振翅高飛。而有了人的幫助之後，讓蝴蝶少去了一個給翅膀充血的過程，自然就喪失了飛翔的能力了。

要想成事，靠的還是腳踏實地和按部就班，急於求成和投機取巧，往往不僅不能達到我們想要的目的，反而會起到相反的作用。

寬容不是懦弱

有一天天剛破曉，有一位虔誠的佛教信徒朱友峰居士，興致衝衝的抱著一束鮮花及供果，趕到大佛寺想參加寺院的早課，以花果來供佛。誰知才一踏進大殿，左側突然跑出一個人，正好與朱友峰撞個滿懷，將朱友峰捧著的花果撞翻在地。朱友峰忍不住責怪道：「你看，你這麼粗魯，把我供佛的水果鮮花都撞壞了、撞翻了，你要怎麼向我交代呢？」這個名叫李南山的居士，也非常不滿意的說：「撞翻就已經撞翻了，頂多說一聲對不起就夠了，你幹嘛要那麼生氣？」

朱友峰聽了以後，更加的生氣說道：「你這是什麼態度？自己錯了還要怪人？」

兩人正互相大聲的指責對方時，廣圄禪師正好經過佛殿，就將兩人叫來，問明原委，開示說道：「奔撞的行走是不應該的。但是不肯接受別人的道歉也是不對的，能坦誠的承認自己過失及接受別人的道歉這才是學佛的態度、才是智者的行為。我們生活在這個世界上，如何與親族朋友取得協調，在教養上如何與師長同學們取得協調，在經濟上如何量入為出，在家庭裡面如何培養夫妻親子的感情，在健康上如何使身體健全，在精神上如何選擇自己的生活方式，能夠如何才不會辜負我們可貴的生命。想想看，為了一點小事，一大早就破壞了一片虔誠的心境，值得嗎？」

李南山先說道：「禪師，我錯了，實在太冒失了。」說著便轉身向朱友峰道歉：「請接受我至誠的道歉，我實在太愚癡了。」

朱友峰也由衷的說道：「我也有不對的地方，不該為一點小事就發脾氣，實在太幼稚了。」廣圄禪師的一席話，終於感動了這兩位爭強好勝的人。

人的身上往往都有很多的戾氣，常會因一點點微不足道的小摩擦，便滿腔怒火，不惜跟人惡眼相向。在這發火的人心中，自己的行為是沒有任何問題的，是在維護自己的利益，是在保護自己的面子。卻不知，在旁人看來，這就是沒有禮貌。他們一心要保的面子，早已在惡言脫口而出的一剎那就無影無蹤了。

丟了面子還算小事，如果彼此不相讓，因這點小事大打出手，那就更糟糕了。傷了自己要忍受疼痛，傷了別人要受到法律的制裁，是絕對划不來的。所以，要培養自己具有溫和寬容的心態。

這溫和寬容不是懦弱，而是一種氣質和修養。擁有這類氣質的人，不僅受人尊重，而且也受人歡迎。不管他走到哪裡，都會有人願意跟他打招呼，不管他做什麼事情，都能得到更多人的理解，不管他遇到什麼困難，都有人願意幫他。

不要為一點點小事就發火，甚至對人惡眼相向，在碰到摩擦的時候，給對方一個微笑，輕聲說聲對不起，並不代表你懦弱，而是說明你有素質。

等待是寶

馬祖道一禪師在他年輕時，第一次遇到南嶽懷讓禪師之際請示道：「怎樣用心才能契合無相三昧？」

懷讓禪師告訴他說：「你想學心地法門，要體悟無相三昧，就如同播種，我說佛法譬如下雨：播了種、又下雨，因緣際遇，必有一天能夠見道。」

馬祖道一再問道：「禪師，你說的見道，是見個什麼道呢？道是無形無相的，我們能見無形無相的道嗎？」

懷讓禪師再告訴馬祖道一禪師道：「用心地的法眼就能見道。道本來是無相三昧，無相三昧也是從心地法門自見其道的。」

懷讓禪師擔心道一還不明白，又再補充道：「若契合於道，無始無終、不成不壞、不聚不散、不長不短、不靜不亂、不急不緩，就可以體會出道是什麼。」

播種是一個勞動的過程，但想要收穫，光靠人的勞動是不行的，還要有老天下雨。因此，一個懂得莊稼生長週期的人，並不是一直在田間勞動，還會在家裡等待下雨。這其中的等待，才是關鍵。如果心浮氣躁，天天看著秧苗，煩惱於他們為何不馬上長高，那麼不僅對秧苗沒有幫助，反而壞了自己的心情。只有懂得耐心等待，知道哪些是自己能做到的，哪些是自己不能做到，需要慢慢等候時機的，才最有可能種出好的莊稼，同時也能獲得一個好的心情。

如果一個不知道等的概念，只是一味努力，不見成果後就滿心焦躁的人，不僅不能讓自己成功，反而落得個心浮氣躁。這就得不償失了。

我們要知道自己有所能，有所不能。在做事的時候，有所側重，做那些自己能做的，而且將之做到最好；對於不能做的那部分，耐心等待，等到機會來了，自然也就成了。如果一個人做不到這點，而是苦苦的做那些不能之事，則不僅事情做不成，時間也被耽擱了。

世事 執著

知見初

放下執念，勿強求

當人無法放下執著時，

他就看不遠

智之見初

執著無

第三章
培養一顆不畏懼的心

堅持下去，總有一天會得到自己想要的。

想讓知道和做到一致，首先要的是不高估自己，
其次要有一顆勇於實踐的心。不高估自己，
才不會妄自尊大，覺得能辦成自己辦不成的事情。

有實踐的精神才能讓自己將道理變成實際。

敬而不畏

禪宗四祖道信禪師一天到牛頭山去訪問法融禪師，到達時，見法融禪師端坐參禪，旁若無人。即使有人到來，也絕不舉目多看一眼。

道信禪師只好向前問道：「你在這裡做什麼？」

法融禪師見到有人問話，勉強回答：「觀心。」

道信禪師問道：「觀是何人？心是何物？」

法融禪師無法回答，便起座向四祖頂禮，並問：「大德高棲何所？」

道信禪師回說：「貧道不決所止，或東或西。」

「那麼你認識當代禪宗四祖道信禪師嗎？」

「你問他做什麼？」

法融禪師解釋自己嚮往已久，希望有一天可以見面請益。

「我就是道信。」

法融禪師一聽，就起來第二次作禮，接著問他：「因何來此？」

道信禪師回說：「特意來訪，請問除此之外，哪裡還有可以『宴息』之處？」

法融禪師道：「東邊有一個小庵。」四祖道信便叫他帶路。

到了那裡，看到茅庵四周有許多虎豹之類的腳印，四祖便舉起雙手作恐怖狀。

法融禪師說：「你還有這個在嗎？」意思是：你還有恐懼之心嗎？

道信禪師反問：「你剛才看見了什麼？」

法融又無法回答，便請道信禪師坐下來。在法融禪師入內取茶時，道信在他對面的座位上寫了一個「佛」字。當法融禪師回來，將要坐下時，看見座位上多了一個佛字，竦然震驚，怎可坐在佛上！這是大不敬的事。

四祖一見，也笑著說：「你還有這個在嗎？」法融禪師茫然不知所對。

四祖在地上寫了一個佛字，法融禪師就不敢去坐了，這說明他的心中是畏懼佛的，因此，他沒有勘破生佛關。一個真正的禪者，禮佛、敬佛，但不畏佛。禮佛是為了參禪，敬佛是因為佛祖法力廣大，有大智慧，有值得學習的地方。而畏佛，則說明內心中尚有恐懼在，將佛當成了高高在上的主宰。這與佛的主張是相悖的，因為佛強調眾生平等。佛雖然覺得眾生有罪，需要超度，但從沒將自己放置於眾生之上。而法融禪師畏佛，就說明在他的心中，佛是高於眾生的。這正是沒有勘破生佛關的表現。

不僅佛與眾生是平等的，眾生之間也是平等的。在這一點上，儒家的類似表述更通俗些，儒家常說「四海之內皆兄弟」，表述的正是這個道理。

在生活中，要做的是敬老、愛老，但不畏老；對待自己的領導也一樣，尊重他，但不畏懼他。只有這樣，才算是有了佛心。

心淨處處是天堂

所謂知易而行難，理論總是容易接受和理解的，但實踐卻往往並非如此。很多時候，覺得自己對一件事已經非常瞭解了，但真正動手去做，才知不是那麼回事。同樣，有些人，覺得自己對他人有著無比的熱心或忠誠，但當事情真正降臨的時候，才知道並非如此。

這些情況，就是沒有搞清事情的本質，不明白瞭解一件事只是初窺了門徑，離真正懂得和做到，還差得遠。

挑水是很有名的禪師，曾經在好幾個寺院叢林裡住過，是位飽參飽學的禪師。他所住持的寺院，吸引了許多的僧徒學僧。這些學僧往往不能忍苦耐勞，半途而廢，使他非常灰心，於是向大眾辭去教席，勸學僧們解散各奔前程。此後，挑水禪師的行蹤，便再也沒有人知道。

三年後，一位門人發現挑水禪師在京都的一座橋下，與一些乞丐生活在一起。這位門人立即懇求挑水禪師給他開示，挑水禪師很不客氣地告訴他：「如果你能像我一樣在橋下生活上三、五天，我也許可以教你。」

於是門人也扮成乞丐的模樣，與挑水禪師共同度過了第一天的乞丐生活。

第二天，乞丐群中死了一人。挑水禪師叫門人和他把乞丐的屍體搬至山邊去埋了。事後回到橋下，挑水禪師倒身便睡。門人在那種臭氣沖天的乞丐寮裡，實在不能安心入眠。

天亮之後，挑水禪師把那位死了的同伴還剩下的一些食物拿來分給門人吃。挑水禪師吃得非常可口，門人看到髒碗盤、髒食物，是一口都吞不下去。

挑水禪師說道：「這裡的天堂你是無法享受的，你還是回到你的人間去吧！請不要把我的住處告訴別人，因為住在天堂淨土的人，不希望被別人打擾。」

門人的內心中，肯定也是主張眾生平等的，他也確實沒有看不起乞丐。如非這樣，他就不會答應挑水禪師，要過上幾天乞丐的生活了。所以，這個門人，心中是有佛、有禪的。但他也只是有而已，還沒做到悟。

因此上，當生活了一天之後，門人就受不了了，急急忙忙逃開。這就是所想和所做的差別，也是知道和做到的差別。

想讓知道和做到一致，首先要的是不高估自己，其次要有一顆勇於實踐的心。不高估自己，才不會妄自尊大，覺得能辦成自己辦不成的事情。有實踐的精神才能讓自己將道理變成實際，而不是只知如何做，卻做不出。

最怕認真

靈樹如敏禪師因所住持的禪院得名。

二十年來，靈樹院都沒有人負責「首座」。每當有人問起靈樹如敏禪師，他總是回答：「我的首座剛剛出生」、「我的首座正在牧羊」或「我的首座正在行腳之中」，使所問的人都不知其所以然。

有一天，靈樹如敏禪師命寺中大眾撞鐘擊鼓，並吩咐至山門外迎接首座。寺眾正在訝異，雲門禪師飄然而至，如敏禪師便請其擔任首座之職。寺中大眾因此相傳，靈樹禪師有能知過去和未來的神通。

五代後漢劉晟將興兵征討時，聽說靈樹如敏禪師會神通，便親自入院請禪師指導一些未知的將來，以為他行軍作戰決策時參考。

靈樹禪師預知其意，事先圓寂。劉晟到達時，非常生氣：「禪師生的什麼病？怎麼這麼快就圓寂呢！」

禪師的侍者誠實回答：「禪師並沒有生病，他早知道你要來，所以事先圓寂了。但留有一個盒子要給你！」

劉晟接過盒子一看，內有紙條一張，上面寫著：「人天眼目，堂中首座」。

劉晟悟此八個字的意旨，罷兵不再征討，禮請雲門禪師晉住靈樹院擔任住持。

一個寺院，二十年沒有首座，只為了等待一個有緣人，靈樹禪師的精益求精可見一斑。也正是因為這精益求精，不隨意敷衍，讓靈樹禪師有不管遇到任何事，任何道理，都要窮極而止，不弄明白誓不甘休的勁頭。這份堅持和定力，正是靈樹禪師的法寶，也是他留給世人的禮物。

靈樹禪師這精益求精的「認真」二字，實在是有大用處。有了這兩個字，普通的沙彌也可以悟道，有了這兩個字，貧家的書生亦能中榜。因為認真之後，眼前便再無難事，只要找到一個小小的出口，窮追不捨，總有窺探全貌的機會。這正是認真的力量。

做人就要做一個認真的人，只有這樣，才能用最少的時間獲得最多的收益。堅持下去，總有一天會得到自己想要的。到那時，就可以躺在理想上睡覺了。

生死自如

人生之大，莫大過生死。人生之困，也多困於生死。很多人心中，生死都是堪不破的門關。所以他們常被生所累，常被死所擾。其實，這是大可不必的。生死不是用來思量的，而是每個人都要經歷的一個過程，沒有人能夠逃脫。即使你整天將之放在心上，掛在口邊，依然無法逃脫生死之外。既然如此，那麼為什麼不看淡一點，拋卻生死之擾，而好好享受當下呢？

臨濟禪師住世時，有一位學徒叫普化禪師。有一天，這位普化禪師在街上逢人就化緣，他說要化一套法衣。信徒就做了一套上好的袈裟供養給他，他又拒絕接受。信徒把這件事報告臨濟禪師，臨濟禪師懂得普化的心意，就去買了一口棺材給他。

普化禪師見到這一口棺材，非常歡喜，立刻扛起棺材跑到街上告訴大家說：「臨濟禪師為我做了一件法衣，我明天可以穿它，到東門去死了。」

大家聽了，十分懷疑：一個好好活著的人，怎麼會說死就死呢？

第二天，普化禪師準時到了東門，一看人山人海，大家都好奇地要看禪師怎麼死法。可是禪師卻說：「來看熱鬧的人太多了，我怎麼好死呢？明天我到南門去死好了。」

隔天，大家又趕到南門去，但是普化仍說人太多了改在後天到西門去死。大家想普化禪師可能是捉弄人，所以到西門時人已少了許多，不過普化仍嫌人多，又說過一天到北門去死。

大家認為他說話不算數，到了第四天，普化禪師扛著棺材到達北門時，已沒有幾個人看他了。

他就非常歡喜地說：「你們幾個人很有耐心，不怕辛苦，我現在可以死給你們看了。」說完以後，禪師爬進棺材，自己把棺蓋蓋好，無聲無息地圓寂了。

生死是一種定數，不為任何而改變，是每個人都無法逃脫的。所以，人們要做的就不是掛懷生死，而應該是忘記生死了。像普化禪師那樣，將生死當成是和吃飯睡覺一樣平常的事情，自然就萬事皆空了。

生命的真正意義不在於長短，而在於寬厚。有品質的生命才是真生命，那些沒有品質，只有長度的生命，是沒有任何價值的。所以，聰明人會把握住每個當下，讓每個當下都成為自己最快樂的瞬間。而愚笨者則在意生命的長度，他們總想著以後、未來，而忘記了當下。因此，他們的未來常常是由一個個苦惱的當下積累而成的。這樣的人，即使活的時間再長，也是無法悟道，無法體驗到生命的真正快樂的。

生命中最重要的那個點，不在以前也不在以後，而在現在。看透了生死歷程，把握住了現在，也就等於把握住了生命。

拂去心中的灰塵

佛家說「萬法由心」，意思就是不管是什麼，都是從我們心上來的，最後也會落回我們的心上。因此，一件事情到底是好是壞，是大還是小，往往看的並不是這件事情的本身，而是我們的內心。

一個內心強大，欲念虛空的人，即使是遇到天大的事情，也能夠擔得起來，像什麼也沒發生一樣；一個膽小怕事，心思狹隘的人，即使是一件小事，也會弄得他身心疲憊，勞累不堪。

之所以有如此差別，就在於你看重的是什麼，如果你專注於自己的心，自然能夠將所有都放下，讓外事外物不再困擾於你。如果你專注的不是你的心，而是你身外的事物，那麼那些事物就會變成你的枷鎖，牢牢地束縛著你。

韓國鏡虛禪師，帶著出家不久的弟子滿空，要到其他地方去雲水行腳、弘法度生。滿空一路上直嘀咕，嫌背負的行囊太重，不時要求師父找個地方休息一下。

鏡虛禪師從來不肯答應徒弟的要求，他總是精神飽滿地向前行走。但是，他也想找機會給徒弟一些啟示。

有一天，師徒二人經過一個村莊，見到一位婦女。鏡虛禪師忽然趨前握住婦女的手，和她說話。婦女大驚，叫起來了，鄰居聞聲出來探視，見婦女被人調戲，所以齊聲喊打！身材高大的鏡虛禪師掉頭就跑，徒弟滿空也只得背起行囊隨著師父飛奔，師徒兩人跑過了幾個村莊，見後面沒有人追趕，才在一條靜寂的山路上面停下腳步。

回過頭來，鏡虛就問徒弟：「你現在還覺得行囊重嗎？」

滿空答道：「好奇怪，剛才隨著師父奔跑，背上的行李卻一點都不覺得重。」

一樣的行囊，但滿空開始覺得重，後來不覺得重，就是在於他所專注的東西不一樣。開始的時候，滿空專注的是行囊，因此讓行囊充滿了自己的心，從而變成了一塊大石頭，壓得自己透不過氣來。當被人追趕的時候，由於急於逃脫，滿空將注意力放在了自身之上，因此便忘了行囊，所以，也就不覺得重了。這就是專注的對象不同，產生的感受也不同的例證了。

如果你覺得生活太累，壓得你透不過氣來，那麼你就應該好好想想了。是不是自己太過專注於心外之物，從而讓自己的心蒙上了灰塵，落上了石頭。這時候，你需要做的是忘掉身外，而將自己的注意力轉向內心。

將困擾你的東西完全放下，你自然會覺得身心輕暢，再也沒有煩惱了。

做個有毅力的人

馬祖道一為了參禪學道，一別故鄉數十寒暑，回到故鄉已經沒有多少人認識他了，只有一位老婆婆在河邊洗衣服，看到馬祖道一從岸邊經過，叫道：「你是馬家的小二子吧！」

馬祖道一禪師為此感慨地作了一首詩：

「為道莫還鄉，還鄉道不長，溪邊老婆子，呼我舊時名。」

意思是「道不弘父母之邦」，現在，馬祖道一已經是一位開悟的大禪師了，可是老婆婆還是叫他「小二子」。

家鄉的人不知道他是得道高僧，但是他嫂嫂對他倒非常尊敬相信，就要求馬祖道一傳她佛法，馬祖笑著說：「假若你真相信我，我傳授你一個參禪妙法，你拿一個雞蛋，把它懸空掛起來，每天早晚都把耳朵貼到雞蛋旁邊聽一聽，當聽到雞蛋裡有聲音和你講話的時候，你就會得道了。」

他嫂嫂對馬祖道一的話深信不疑，一切照辦。馬祖走了以後，嫂嫂每天都去聽雞蛋的聲音，將近三十多年，從不灰心。

有一天，正當她在聽的時候，掛雞蛋的繩子斷了，雞蛋掉在地上破了！

這一聲，馬祖道一禪師的嫂嫂大徹大悟，得道了。

但凡有一點生活體驗的人都知道，一個懸掛在空中的雞蛋，是不可能發出任何聲響的。因此，在常人看來，馬祖道一禪師的嫂嫂的堅持，簡直就有些胡鬧的意味了，會覺得她是在做一件毫無意義的事情。

但馬祖道一禪師的嫂嫂堅持住了，且終於在幾十年後聽到了「啪」的一聲，明白了「只要堅持，即使是懸掛在空中的雞蛋也能發聲」道理，這不就是真正的道嗎！

很多人總是抱怨自己擁有太少，可是，卻從不想想自己付出了多少，堅持了多少。也有人覺得自己付出很多，什麼都做過，什麼苦都吃過，但依然一無所有。其實，這兩類人都是不懂得堅持的價值的人。前一種是不懂得堅持付出才會有所收穫，後者是不懂得必須堅持做同一件事情才能有所收穫。

對前一種，他們只想著不勞而獲，希望天上掉下餡餅，這自然是缺乏現實的。後一種則是沒有常性的人了，他們什麼都做，卻什麼都沒做成，就是因為沒有將一件事堅持到底。

一個人想要得到自己想要的東西，不怕沒資質，也不怕沒機會，最怕沒有毅力，不能夠堅持。如果堅持了，總有夢想實現的一天。

常言道「不怕慢，就怕站」也是這個道理，你做事慢一些沒有關係，只要堅持做，不停手，總有做完的時候。

敞開自己的心

人都喜歡聽好話，不喜歡聽惡言，這是人之常情，也是每個人都有的一種慣常思維，是不足怪也不足念的。不過，有人卻將這種思維演變成了另一種，那就是不僅不喜惡言，也不喜歡聽真言、逆言，這就有問題了。

要知道，真言雖然沒有順言悅耳，但卻是對我們有益的；逆言雖然聽起來會讓我們不快，但卻有可能是在指出我們所犯的錯誤，是對我們好的。

很多人雖然知道真言和逆言有好處，卻依然會從心底裡討厭這些。這樣的人，就是給自己負擔太重，心中有放不下的東西了。正因為心中有些不必要的東西放不下，當別人說起這類事情的時候，即使知道是為了自己好，也會下意識的發怒。

有一位信佛的信徒，建了一幢非常美的房子，喬遷之日，他請求仙崖禪師為他的新居題幾個字表示祝福，仙崖禪師攤開宣紙，拿了筆就寫了六個字：「父死、子死、孫死」。

那信徒看了，非常生氣的說：「師父，我們是這麼有誠意的請你，你卻寫這樣的字，簡直是跟我們開玩笑！」

仙崖禪師聽了以後，說：「我並沒有跟你們開玩笑，你們想，假如你的兒子比你先死，你會十分的悲傷；假如你的孫子比兒子先死，你和你的兒子也會十分傷痛。如果你們一代一代都照我所寫的這個順序而死，父親死後，兒子再死，兒子死了，孫子才死，讓每一個人都能享盡天年，這不是最美好的事嗎？」

信徒聽了，非常地慚愧，就接受了禪師的祝福。

信徒害怕死，因此才覺得禪師寫了死字就是不吉利的，他不知道，真正可怕的不是這死字，而是他內心中的固有觀念。

生活中也常見這種情況。比如一個身型矮的人，往往會特別在意別人談論身高的話題，一個胖大的人，也不願聽到別人談論身材的話題。他們在聽到別人談論的時候，往往會心生怒氣，有的會轉身走開，有的甚至會有一股無名火怒向那些談論的人。在他們的心中，這些人是在諷刺自己，是懷有惡意的。

其實，真正有問題的不是那些議論者，而是這些發怒者，他們內心中有無法放下的執念，因此會對跟這執念有關的任何事情敏感異常。這敏感讓他們喪失了思考能力，從而做出這樣的事情來。

一個真正快樂，真正瀟灑的人，就是能夠放下心中的執念，用善意看待他人的人。他們心中無礙，自然能夠接受任何跟自己有關的評論。長此以往，不僅會讓自己快樂，更是能夠得到別人的喜愛，成為一個受歡迎的人。

堅定的信念

人常常會受到情緒的感染，因而對自己進行錯誤的判斷。就好比，同樣一個人，當他連續遭遇失敗的時候，便會懷疑自己的能力，而如果他連續獲得成功的時候，則會對自己產生無比的自信。其實，人還是那個人，從未變過，之所以對自己的判斷會前後有天壤之別，就在於自己的心情變了，是因為他不夠堅定。

一個堅定的人，不管什麼時候都能夠正確的定義自我。他們不會因為遭遇失敗而否定自己的價值，也不會因為成功而放大自己的價值。

雲門禪師當初還沒有悟道的時候，曾去參訪睦州禪師。他到睦州禪師的道場時，正是黃昏薄暮時分。雲門禪師用力敲著兩扇緊閉的大門，很久以後睦州禪師才來開門。雲門禪師站在門外，睦州禪師站在門裡，雲門道明來意之後，正把一隻腳跨入門檻時，睦州禪師忽然把大門出其不意，用力關上，痛得雲門在門外大叫。

睦州禪師問：「誰在喊痛？」

雲門禪師答道：「老師，是我！」

睦州禪師再問：「你在哪裡？」

雲門答：「我在門外，老師把我的腳關在門裡了。」

睦州禪師說：「腳在門裡，為什麼人會在門外呢？」

雲門禪師說：「你確實把我分成裡外二半了。」

睦州禪師說：「你真愚癡，一個人哪裡有裡外的分別呢？」

雲門禪師聞言，好象天崩地裂一般，粉碎了虛妄的世界，一個光明世界呈現在他的眼前，截斷了虛妄紛紜的意識，證悟了「內外一如，平等無二」的道理。

睦州禪師故意將雲門禪師的一條腿關在門裡，另一條腿留在門外，造成一個雲門禪師一腳裡一腳外的情景，讓雲門禪師陷入了自我定義的困境。因為他不管答自己在門裡還是在門外都是不對的。其意是告訴雲門禪師，不管自己的身體在哪，心都是不變的，都是一顆禮佛的心。

這個道理不僅對禮佛的人有幫助，對塵世的人也是一樣有益的。一個人的真正價值不在於他的位置和處境，而在於這個人本身。位置和處境會變，但心是不會變的。

因此，當領導的時候是你，當員工的時候也還是同樣的一個你。認識了這點之後，就會明白，雖然你現在處在員工的位置，但並不等於你沒有當領導的能力，只不過是時機未到罷了，因此不要妄自菲薄；當領導的時候也要認識到，你未必就會比原來那個當員工的你強，只不過是位置變了，可利用的資源變了而已，因此不要妄自尊大。

藝術的生活

以藝術家而出家為僧的弘一大師，是近代佛門非常有修行的大師。他安貧樂道，過禪的生活，也是藝術的生活。我們從他生活的情形可以看出他藝術的境界，和禪的體驗。

有一天，有名的教育家夏丏尊去拜訪他。吃飯的時候，弘一大師只有一碗鹹菜。夏丏尊非常不忍心的說：「難道你不嫌這一碗鹹菜太鹹嗎？」

弘一大師毫不介意地說：「鹹有鹹的味道！」

飯後，弘一大師倒了一杯開水，夏丏尊又皺起眉頭說：「連茶葉都沒有嗎？每天都喝這種平淡的開水？」

大師又笑著說：「淡有淡的味道。」

弘一大師住在一個小客棧裡，夏丏尊發覺床上不時有跳蚤、臭蟲爬來爬去，他忍不住地說：「這客棧臭蟲這麼多！」

弘一大師又說：「不多，幾隻而已。」

弘一大師用的毛巾已經很破爛了，夏丏尊說要送他一條。大師說：「不要，這毛巾才用十年，還可以再用幾年。」

藝術的真諦不在高雅，而在能反應出實際問題，讓人獲得心靈上的震撼。藝術家在意的不是生活是否奢華，而是能否讓自己體驗到不同的心境。弘一大師就是一個有藝術家心境的人。他不管居住在什麼樣的地方，吃什麼樣的飯菜，都能品出其中那獨特的「味道」來。這味道，就是藝術家的本有心境了。

藝術和佛法也是有相同之處的。佛法也講究處事泰然，不管在那種環境中，都不因外物而隨意喜悲。藝術家和參佛的人，往往都能夠對平常或有些艱苦的環境不加抱怨。即使是處在苦難中，他們心中也有無限力量在。

他們身上的這種力量，才是讓他們比普通人更受人青睞和尊重的原因。因此，如果我們想要讓自己的價值得以體現，得到更多的人的尊重和認可，就要跟他們學習這種力量。這種力量來自於一個人內心的安定和平靜，是不隨外物而改變的。其本質是對生活的好奇和探索。

我們對生活有著無限的好奇，不管處在什麼環境當中，都想要一探究竟，這樣苦就是一種經歷和成長。如果你處在人生的低潮期，不要抱怨，而是整理一下之前的經歷，看看是哪裡出了問題，才讓自己落到如此地步。又或者，不要憋在家裡，觀察一下周圍的人，看看他們是怎麼尋求改變的，正在朝哪些方向努力。

這些做法，都是在體驗生活的真諦，是幫助一個人真正瞭解生活的必要手段。真正瞭解生活了，那麼任何的困難在你的面前都將不堪一擊。

言淨不如心靜

言淨不如心靜，心淨才是大智慧。很多人嘴上謙恭，但內心激蕩，在與人爭論的時候，雖然表面上一副謙卑的模樣，但其實內心的火氣早已快溢出胸膛了。這樣的人，就是表面上的佛者，是無法真正得道的。

不過還有等而下之的，那就是言不淨心也不靜者，這種人心情都寫在臉上，到處與人爭論賽賭，一副不得勝利不甘休的模樣，就是徹底的禪門外之人了。

明朝的時候，有一位蓮池大師，他在一次書寫十善行，就是寫一個人做人的根本：不要亂殺生，不要亂偷盜，不要亂邪淫，不要亂妄語，不要亂惡口，不要兩舌，不要綺語，不要貪欲，不要瞋恨，不要邪見。

蓮池大師在寫十善行的時候，忽然來了一個自以為是的遊方僧，遊方僧見到蓮池大師就說道：「據說禪是無一事可褒，無一物可貶，現在你蓮池大師在這裡書寫十善行，有什麼用？」

蓮池大師就回答道：「五蘊纏繞無止境，四大奔放無比擬，你怎麼能說沒有善惡呢？」

遊方僧不服氣，再反駁蓮池大師說道：「四大本空、五蘊非有，善惡諸法畢竟非禪。所謂四大就是指宇宙人生任何一個事物都是由地、水、火、風四大元素和合的。五蘊就是指色、受、想、行、識的五種積聚體，就是我的代名一詞。」

蓮池大師就回答他說：「裝著懂事的人多得是，你也不是真的東西，怎麼樣？善惡之外，我們再議論其它的事情如何？」

遊方僧滿面怒氣，瞋恨之心已從鐵青的臉孔上一看就知道。有的人沒有修養，生氣的時候信口反駁：有的人稍有一點修養，口雖不反駁，不過臉上不好看。修養再增加一點時，面上也不生氣，不過心裡不高興。真正有修養的人連心裡面都不介意。像這一位遊方僧口上也反駁、臉上也現出瞋恨的樣子，蓮池大師見了，就委婉地說道：「你怎麼不把你臉上的汙穢拂拭了？」

蓮池大師所說的臉上的汙穢，就是遊方僧瞋眼的樣子。他是在提醒對方爭鬥心太盛，無法成佛。而這個遊方僧也確實是禪門外的人，仍是一個六根不淨者，雖有一身佛衣，但毫無佛意。

這樣的人，必定是無法成佛的，因為他們心中的欲念太盛，他們悟佛不是為了得道、度人，只是為了獲得佛家的智慧然後到處炫耀。卻不知，這做法根本無法參得佛家的智慧。

真正有智慧的人，一定是真謙卑的，他們把自己看得比道理低。所以，在遇到比自己更高明的人的時候，不是賭氣爭勝，而是低頭傾聽。這樣的人，表面上看好像不如別人風光，但其實是有著大胸懷、大智慧的。他們懂得學別人之長，補自己之短。

他們跟這個人學一些道理，跟那個人學一些道理，最終必然是懂得道理最多的。像雲遊僧那種，覺得自己無所不能，完全不聽從別人勸告者，已經將自己的心完全封閉，不再接受新的智慧了，他的進步也就停止了。

做人就要做一個不斷積累，不斷提高的人，而不要做雲遊僧那種，閉塞自己的心，不汲取外來營養的人。前者會成為智者，後者只不過是個臉上帶有汙穢的等而下之人。

做個有格局的人

很多人都有幻想，學僧幻想成佛，俗世人幻想成功。不過，雖然幻想者多，但能夠實際實現者少。甚至很多人已經獲得了成功的機會，卻依然沒有能夠把握住。其原因，很大一部分是雖然有了機會，但並沒有能夠承擔那麼大成功的責任感。

龍牙居遁禪師請示臨濟禪師：「什麼是祖師西來意？」臨濟不答，叫他把香板拿來。龍牙禪師把香板拿給臨濟禪師時，臨濟拿起香板就朝龍牙打去。

「老師，您拿香板打我沒有關係，但總要告訴我什麼是祖師西來意呀！」

臨濟道：「香板難道沒有告訴你西來意的消息嗎？」

後來龍牙禪師又到翠微無學禪師那裡參學，也問了同樣的問題。翠微無學禪師聽了以後，叫他去拿一個蒲團來。龍牙把蒲團拿來，翠微接過蒲團就朝龍牙打過去。

「老師，您打我不要緊，卻還沒有告訴我什麼是祖師西來意呀！」

翠微禪師道：「蒲團難道沒有告訴你祖師西來意的道理嗎？」

龍牙禪師經過了多少年的參學研究，終於悟出了香板和蒲團的西來意

禪宗常用法器或法物來象徵禪道傳衣傳缽，就是用衣缽來代表禪法。香板打人，就是將禪交給你擔當；蒲團打你，也是同樣。

很多時候，一個人能夠取得多大的成就，跟他個人有多大的格局是有著直接關係的。明白了這點，也就應該知道如何才能成就自己了。首先，要培養自己的責任感，一個人只有有強烈的責任感，才能做出更多的、更好的事情來。其次，要有大胸懷，一個人的舞臺有多大，往往決定於他的胸懷有多大。還有就是要努力了，有了之前的儲備，加上後來的努力，實現自己也就是水到渠成的了。

格局決定命運，命運影響人生。想要有一個美好的人生，就要先從培養格局開始。不要拘泥於小事，但也不能輕視了小事。不管遇到多麼小的事情，都要明白，擔當是第一位的。因為有擔當才會有格局，也才會有好的人生。

安穩的心

趙州禪師一生疏散不羈，過著隨遇而安，隨緣、隨喜、隨眾的生活，從來不安住一處，所謂「處處無家處處家」。因此，到八十歲還在雲水行腳。

有一天趙州禪師行腳到雲居禪師的地方。雲居禪師說：「你年紀也這麼大了，為什麼不找個地方安住下來呢？」

趙州禪師聽後，像什麼都不懂似地問道：「要什麼樣的地方，才能給我做長居安住的地方呢？」

雲居禪師告以山前古封修復後即可安身。

趙州禪師反問：「老和尚，你為什麼不自己去住呢？」

又有一次，趙州禪師到茱萸禪師處，茱萸禪師也問他為什麼不找個地方安住下來？

趙州禪師感慨地說道：「你說什麼地方可以安心住下來呢？」

茱萸禪師說：「你不必問人！年紀這麼大了，連自己的住處都不知道嗎？」

趙州禪師答說：「我趙州三十年來隨緣生活，想不到今天才被驢子踢了一腳！」

趙州禪師當初行腳是因為有一個學僧曾問他：「將來劫火焚燒的時候，四大五縕的身體還壞也不壞？」

「會壞！」

「既然身體會壞，那就隨他去了？」

趙州禪師答：「隨他去！」

就為了自己說過這麼一句話，學僧曾表懷疑，趙州自己也頗猶豫。所以，他後來就遍歷山川，到處行腳，訪師決疑，所謂「二句隨他語，千山走衲僧」就是在說他。但其實，趙州禪師早就已經找到了自己長久的住處，只不過是自己覺得雲遊更痛快罷了。他所說的被驢子踢了一腳，也不是今天開悟，而是又有人提醒了自己一次。事實也確如此，如果趙州禪師早先沒有參透這道理，也就不會問得雲居禪師啞口無言了。

趙州禪師是瀟脫人，真正做到了「處處無家處處家」。「處處無家」是說他沒有一個固定的用於居住的地方。而「處處家」則是說他心中安穩，雖然身在外處，但心中卻是有家的，這家是他那保有自我的力量。

一個人，想要讓自己安穩，靠的不是外在，而是內心。內心安穩的人，即使沒有屬於自己的房子，依然能夠按部就班地做事，快快樂樂地生活。內心不安穩的人，即使有自己的房子，依然會有一種失落感和緊迫感，覺得自己身上滿是壓力，因而會煩躁不安，沒有半點快樂。所以真正能夠給人提供安全感的家，不是房子而是你的「心」。

在心中真正認可自己，在心中明確自己想要的東西，然後為了這東西去奮鬥，才能讓你真正安穩。因為這奮鬥的過程，就是你實現自我，找到自我的過程。如果做不到這點，就是那不安穩者。

心不能變

佛家常說，萬事由法，但法無定法。意思就是萬事萬物都有其發生的原因，但其原因卻各不相同。因此，一個人想要將各種事情都做好，那麼就要有變通的本事了。遇到不一樣的事情，要不一樣的去對待。甚至同樣的事物，在不同時期，不同人去做的時候，也要不同對待。

這其中的不同對待，不是厚此薄彼，而是用最合適的方法解決最合適的問題。這其中是有變也有不變的。變的是形式，不變的是自己堅決做事的心。只有心內堅決無礙，又懂得手法上的變通，才能讓你更上層樓。

趙州從稔禪師非常風趣，有「趙州古佛」的美稱。

曾有人問他趙州是什麼？

趙州答：「東門、南門、西門、北門。」

這話一語雙關。

若是問趙州城這個地方，指的是它的四座城門。

若是問我趙州的道風，則好像趙州城一樣四通八道。

有一個學僧問趙州禪師：「狗子有佛性也無？」

趙州禪師毫不考慮地答：「無！」

學僧不滿，並道：「上自諸佛，下至螻蟻，皆有佛性。為什麼狗就沒有佛性呢？」

趙州解釋道：「因為狗子有業識，所以我說它無佛性。」

另一位學僧也問過同一個問題。趙州卻答：「有！」

學僧又不滿意，說：「它既有佛性，為什麼要闖進狗身這皮囊袋子呢？」

趙州禪師回答說：「因為它明知故犯呀！」

趙州禪師不拘泥於問題本身，而是因材施教，對自相矛盾的第一個學僧答無，對心有不平等觀的第二個學僧答有，就是處處在講佛法，是「心不變手段在變」的典型了。

有些人則不然，不僅手段在變，心也變了。這類人，對待每一個朋友都有一套辦法，不是為了真正跟對方交往，而是想從對方那裡獲得利益。對於位高者，他們結交對方，想要的是權；對於富有者，他們結交對方，想要的是利。

這些人，就屬於完全忘了交友的原則和初衷的了。交朋友要的是真心，你可以跟這個朋友在一起的時候談事業，跟另一個朋友在一起的時候談財富，談生活。但心裡一定要真誠。這才是正確的，符合趙州禪師的邏輯的。這樣的人，也必定是有真朋友，會有人願意幫助他的。

處處是家

有一天，丹霞禪師去拜訪馬祖道一禪師時，在路上遇到一位白髮蒼蒼的老者及一個髫齡童子。

丹霞禪師見老者器宇不凡，上前恭敬地問道：「請問老人家住在何處？」

老人不答，用手指指天，再指指地，然後才說：「上是天，下是地。」意思是說，宇宙天地就是我的家。

丹霞禪師又追問：「天地毀滅的時候，你又住在哪裡呢？」

老人高聲大吼：「蒼天啊！蒼天啊！」意思說，宇宙天地本來就是成住壞空的。那位髫齡的童子在一旁噓了一聲，這是透露自家的本性。自家本性的住處，是不生不滅的。天地可以毀滅，自家的本性不毀滅。

丹霞禪師聽罷大大讚美：「虎父無犬子！」

肉身不壞的慈航法師曾經說過：「只要自覺心安，東西南北都好。所以，上是天，下是地，處處無家，處處可以為家。」

所謂住在內心中、本性裡，就是在自己的內心，給自己定一個永恆的目標，然後將那目標看成是自己唯一的追求，將心永遠放在這裡面，自然就不會變了。

這目標，在佛家就是悟道，在凡塵就是實現自我。

一個立志於悟道的佛者，心內自然是清淨的，一切外事外物都是過眼雲煙，完全不在他的所想之內。一個想要實現自我的人，則心內會有無限的抱負，想要用自己的價值成就一番事業。這時候，那些俗世情感雖然也是他想要的，但並不是他的全部。因此，雖然外界情感變化了，但他內心的目標不會變。所以，這樣的人，內心也是安靜的。一樣可以做到前面所說的「處處是家」。

一個可以做到「處處是家」的人，性格中有一種韌性在，這股子韌性，可以讓他們伸縮自如，不管是處在低谷還是人生頂峰，都能夠泰然自若，不為外界所迷。有了這樣的定力之後，還有什麼是做不成的呢？

找出心中的賊

一天深夜，大家正在睡夢中，利蹤禪師忽然在僧堂前大叫道：「有賊！有賊！」驚動了堂內的大眾。

這時剛好有一位青年學者從堂內跑出來，利蹤禪師上前一把抓住他，又叫道：「糾察師父！我已經抓住賊了。」

學僧忙說：「您弄錯了，我不是賊。」

利蹤禪師不肯放手：「是就是，為什麼不肯承擔？」學僧驚嚇得不知如何是好。

利蹤禪師就唱了一首偈語道：「三十年來西子湖，二時齋飯氣力粗，無事上山行一轉，借問時人會也無。」

有一句話說：「擒山中之賊易，捉心中之賊難。」我們在日常生活中，常用眼、耳、鼻、舌、身、意六根，去攀緣外面的六塵，即所謂色、聲、香、味、觸、法，就是我們心中的賊了。

對於心中的賊，每個人都要好好防備，不要讓它侵蝕了你的心靈。眼要空明，不要總盯著閒事，而要看到正經事上，對人的隱私，也要視若不見。耳朵要閉塞，對於閒雜人等整天津津樂道的八卦小道消息，不要去聽，而要聽那些大智慧者們的言談。嘴要嚴實，不該說的話不說，在不懂的問題上，不要擅自發表見解。

如果做到了這些，那麼你就是看管好心中的賊人了。一個看管好了心中之賊的人，必定是一個有格調，有風度的人。這樣的人，不僅做事牢靠，在人際方面也能吃得開，身邊的人都會喜歡他，給他幫助，給他溫暖。有了這幫助，那麼，幸福也就不遠了。

守住自己的心

文殊心道禪師是一位禪者，但參究「三界唯心，萬法唯識」多年，對於心識的問題，仍不能契會。於是行腳參訪，尋師問道。

一日，來到太平佛鑒禪師的地方，想以「趙州庭前樹」的公案向佛鑒禪師請示。所謂「趙州庭前樹」的公案是：

一位禪僧問趙州禪師：「如何是祖師西來意？」

趙州禪師回答：「庭前柏樹子。」心道禪師不明其意，因此拿著這個公案來請教佛鑒禪師。

佛鑒禪師已預先知道他的意思，故意說：「先師無此語，莫謗先師好。」

這兩句話使心道禪師產生更大的疑惑。所幸日久慢慢有所契悟。於是到方丈室謁見佛鑒禪師，敘述自己的見地。

可是住在方丈室中的佛鑒禪師見有人來，立刻把房門關上。心道在門外仍然大聲說道：「禪師，您不要騙我。」

佛鑒禪師在門內應道：「十方無壁落，何不入門來。」

心道禪師以拳弄破紙窗，佛鑒禪師猛然把門打開，抓住心道追問：「說，說！」

心道禪師以兩手捧著佛鑒禪師的頭，作口啐而出，並說：「趙州有個柏樹話，禪客相傳滿天下，多是摘葉與尋枝，不能直向根源會。覺公說道無此語，正是惡言當面罵，禪人若具通方眼，好向此中辨真假。」

佛鑒禪師這時為他印證：「你已能開悟了。」

佛祖西來意，只有佛祖知道，趙州禪師自是不能得知，他只知道自己的意，因此他才說「庭前柏子樹」。趙州禪師的意，只有趙州禪師知道，佛鑒禪師自然不知道，所以他說「先師無此語。」

一個人為什麼要做一件事，只有他自己知道，別人是不可能知道的。因此，不要在意他們的想法，只要在意自己的想法就夠了。

就好比，如果在大街上，碰到了一個人，那人對我們惡臉相向，那是他的事，說明他心裡浮躁。我們不要跟著他的情緒發火，而是要維持自己的意，處理完之後就將這事忘掉，繼續自己的好心情。如果事情過去了，我們還是念念不忘在心理，就是按他的意在指揮我們的心了。

對於世人的評價也是如此。別人毀我、謗我、非議我，那是他們的心、他們的意，我們不要因此而讓他們影響到了我們。同樣，別人誇我、讚我、羨慕我，也是他們的心、他們的意，我們亦不要因此而驕傲自滿，毀了自己的意。

你就是佛

有一位學禪的禪僧問惟寬禪師說：「道在何處？」

惟寬禪師回答道：「道只在目前。」

再問：「我何不見？」

惟寬禪師就告訴他道：「汝有我故，所以不見。」就是因為你有執著，有一個自我，有一個念頭，有一個分別，所以你見不著道。真理是不用意識去分別，是不需要用我執去認識的。

這一位禪僧聽了以後說道：「我有我故，所以不見，請問惟寬禪師你還見否？」

惟寬禪師便回答道：「有我有你，輾轉更不見。」就是有一個我已經不能見到了；又再加上一個你，這個我你對待使道更不易瞭解。道只有一個，真理是一，道不容許對待，對待是世間法，道是超越的、絕對的真理。

所以這一個禪僧又再問道：「無我無你還見否？」

惟寬禪師再回答說道：「無我無你，誰來見？」所以禪說有不是，說無也不是，要把

「有」、「無」兩頭共截斷，要把我和你調合起來，有和無調和起來，是一不是二，那就是道，那就是法身。

又有人問惟寬禪師：「誰是佛祖？」

惟寬禪師回答說：「我不敢告訴你。」

那個信者就說道：「禪師你為什麼不敢告訴我，真理難道不可以對人說嗎？」

禪師說：「我告訴你，恐怕你不相信。」

信徒說：「禪師的指示我怎敢不相信？」

惟寬禪師指著他說：「你就是佛。」

這位信者非常懷疑，問道：「我是凡夫，怎麼一下說我是佛？」

禪師回答：「翳在眼，猶若空華；但離妄緣，即如如佛。」

佛的意念在普度眾生，悟禪者自然也要相應的去博愛眾生。這份博愛，如果沒有自信和膽氣，是支撐不起來的。因此，惟寬禪師表面是在告訴信者什麼是佛，而其真意是給信者打氣，告訴他要相信自己也能成佛，從而培養他擔當的勇氣。

一個有自信而又有膽氣的人，是有成功的機會的。能否成功的關鍵不在於你想要什麼，而在於你能夠承擔多少。只有有足夠的承擔能力，你才能夠取得真正的成功。就好比，你想要一份事業，那麼你就必須有能夠承擔起跟你一起一個共事的人們的生活。如果你做不到這點，那麼，就不會有人跟你一同完成這事業，你的成功也就無從談起了。

真正的努力，不僅是埋頭苦幹，還在於要培養自己的信心和膽氣，然後用這信心和膽氣去勇於承擔。只有這樣，你才能夠得到自己想要的。

要耐得住寂寞

一天，皓月供奉禪師問趙州禪師道：

「普天之下所有的善知識，是不是都已證得了涅槃、解脫之道？」涅槃就是滅除對待、滅除生死、滅除時空，是一個超越的境界。

「大德問的涅槃，是果上的涅槃，還是因中的涅槃？」

皓月禪師說：「果上的涅槃。」

「天下的善知識，都沒有證到果上的涅槃。」趙州答。

「為什麼？」

「功未齊於諸聖！」

「功未齊於諸聖，為何稱為善知識？」

趙州答：「明心見性，悟了佛的知見，亦得名為善知識。」

皓月又問：「未審功齊，何道才名為證大涅槃？」

趙州禪師就說了一首語：

「摩訶般若照，涅槃解脫法，欲識功齊處，此名常寂光。」

皓月接著問道：「果上的三德涅槃已蒙開示，如何是因中的涅槃？」

趙州禪師回答：「大德是也。」

所謂果上的涅槃，是人人本具的那個法身真如。因上的涅槃，還需要我們作種種的修持。學佛的人，未見法性之前，不能離去善知識。因為佛陀曾親近善知識是證悟法性必備的條件之一。

末法時代，欲求全德，即證悟果的涅槃的善知識，確實不容易。這不容易的關鍵，就在於堅持。

堅持靠的不僅是真心付出，更要有一種韌勁，只有漫長的堅持才有意義，半途而廢的堅持是不會產生任何結果的。我們缺乏的往往正是這種漫長的韌勁。

人們的堅持不外乎是為了成功，但成功之前，註定是要經歷一個漫長的沉寂過程的。這過程中，我們默默無聞，不為外人所知，在別人眼裡，是沒有任何的存在感的。有些人就是因為忍受不了這沒有存在感，於是，匆匆忙忙的跳槽去了其他地方。他們不知道，這個過程是不可避免的，不管你到哪裡，都必須要經歷這樣一個過程。如果你想用汰換環境的方式刻意去避免它，那唯一的結果就是將之延長了，得不償失。

一個人想要獲得成功，要有堅持的韌勁，而想要獲得這韌勁，靠的正是一顆淡定的心，能夠放下物欲追求，默默忍受那寂寞。

處變不驚

俗語說：「得意時，人會識你；失意時，你會認人。」這是基於世俗觀念的一個概括。說的是當你輝煌的時候，會有很多人來結交你，這時候，人們都以認識你為榮；當你落魄的時候，對你有企圖的朋友就會離開你，只有那些真正想跟你交往，看重你這個人本身的才會留下，這時候，你會認識別人。

由此可見，一個人在得意時和在失意時，在別人的眼中是不一樣的。其實，不僅在別人眼中，一個人處於輝煌時刻，還是處在磨難情境中，自己的體會也不一樣。

唐時一位宰相裴休是很虔誠的佛教徒，他的兒子裴文德很年輕就中了狀元，被皇帝封為翰林。但是裴休不希望兒子年紀輕輕就飛黃騰達，便把兒子送到寺院去擔任水頭，天天挑水。

少年得意的裴文德正感意氣飛揚，忽然被父親送去做苦行僧般的苦工，每天在寺院裡挑水砍柴，弄得身心疲累，煩惱重重。但因父命難違，只有強自隱忍。

他心不甘情不願地做了一段時間之後，終於忍不住滿懷的牢騷：「翰林擔水汗淋腰，和尚吃了怎能消？」

住持無德禪師剛巧聽到，就在他的身旁微微一笑，也念了兩句詩來：「老僧一炷香，能消萬劫糧。」

裴文德一驚，從此收束身心，心甘情願地苦勞作役。

在進寺廟之前，裴文德是得意的，那時候，很多人都在誇讚他，想要結識他。可到了寺廟之後，這一切都沒了，他只是一個普通的僧人，跟身邊的人一樣，不會再有區別。這份改變，給裴文德帶來了煩惱。

裴文德不明白，不管是狀元，還是一個普通的僧眾，都是他自己。變的只是環境，人是不會變的。無德禪師點破了這一點，讓他明白了這個道理，因此裴文德才會收束身心。

境遇的改變，會給人帶來苦惱。但那苦惱跟環境沒有關係，而是來自自己的內心。如果內心夠堅定、夠強大，知道自己沒變，所具有的本領還在，那麼，不管在什麼樣的環境中，都是可以散發能量的。

身居高位者不是因為他們身居高位而被人崇拜，而是其本身有被人崇拜的能力，所以才能夠身居高位。只要具有了這種能力，不管處在什麼環境中，你都是眾人的焦點。

自傘自度

有一個信者在屋簷下躲雨，雨一直在下著，不知道什麼時候才能停下來可以趕路。忽然看見一位禪師正撐著傘從前面經過，於是他就大聲喊叫道：「禪師禪師，普度一下眾生吧，帶我一程如何？」

禪師回答道：「我在雨裡，你在屋簷下，而簷下無雨。你不需要我度。」

信者立刻走出簷下，站在雨中說道：「現在我也在雨中，禪師該度我了吧！」

禪師就說道：「我也在雨中，你也在雨中，我不被雨淋，是因為我有傘；你被雨淋，是因為你無傘；你要被度，不必找我，請自找傘。」說完便走了。

佛家講究普度眾生，正因為此，那人見到禪師時，才要他幫助。可禪師卻死也不肯助人，完全一副冷漠模樣，似乎並不像一個出家人的所為。其實，禪師是有真意在的。

禪師的度不是幫那人避雨，而是教那人學會道理。如果那人真明白了禪師的意思，那麼這次他可能會挨雨淋，但以後絕不再會了。禪師的真意是，知道有可能下雨，就要準備雨傘，如果處在雨中的時候才想起這些，那麼就晚了。

不管做什麼事，都是要有一個提前量的，要有算計在裡面。只有這算計到位了，未雨綢繆，才能讓自己不挨雨淋。

看見天要下雨，就要懂得拿傘；想要成為一個有知識的人，就要懂得學習。這些提前的準備，才是讓你不陷入困境中的最有益幫助。凡事臨時抱佛腳，是沒有任何用處的。

自家寶藏

大珠慧海禪師初到江西時，去參訪馬祖道一禪師。馬祖道一禪師見到大珠慧海，即刻就問他道：「你從那裡來？」

大珠慧海禪師就頂禮說道：「我從廣東大雲寺來。」

馬祖道一禪師又問：「你到這裡來準備做什麼？」

大珠慧海禪師非常恭謹的說道：「來求佛法。」

馬祖道一禪師非常不客氣的就開示他說：「你不在家裡好好的看顧自家的寶藏，偏要到外面亂走做什麼？更何況我這裡一樣東西也沒有。你要求什麼佛法呢？」就如趙州禪師有一首詩偈說：「趙州八十猶行腳，只為心頭未悄然；及至歸來無一事，始知空費草鞋錢。」

所以我們有的時候，禪、自性、真如、自家的寶藏，不向自己的心裡來求，到外面去東奔西跑，心外求法，那裡能有禪？所以馬祖道一禪師開示大珠慧海，自己心中的本性寶藏你不要，到外面來找什麼呢？

大珠慧海禪師就非常惶恐的再問道：「請問禪師什麼是我慧海自家的寶藏？」

馬祖道一禪師說道：「就是你現在問道的心，這個本來就是具足一切，你剛才問道的心，這一個禪心沒有缺少什麼，就沒有失落什麼，只是說你要懂得使用它，它就會有無限的妙用。你何必又要向外去尋求別的什麼東西呢？」大珠慧海禪師終於言下有省。

禪師們有時候參禪打坐，會將眼睛閉起來，不去看世上的森羅萬象，而是反觀自己的內心，在內心中編織另一個世界。這心中的另一個世界，就是馬祖道一禪師所說的「自家的寶藏」了。它不僅來自我們的內心，還在我們周圍。

很多人不明白這一點，而將眼前的財富不放在眼裡，轉而去遠方尋找，結果往往就是一無所獲了。就像曾經有一個人，生長在蘋果之鄉，靠種蘋果為生，天天看這些蘋果，覺得實在是膩煩了，因此便出去感受外面的精彩。可他除了蘋果，別的都不瞭解，於是，便去賣蘋果了。真正上手後才發現，人們常吃的覺得好的蘋果，跟自己家鄉的根本就沒法比。於是，這個人便又回到家經營自己的果園了，種了之後拿到外面去賣。

本是最上等的蘋果，可就是因為整天接觸，反而覺得品質不好了。等有了對比才知道，原來這整天見到的才是最珍貴的。很多人都將自己的夢想放在了遠方。在他們的眼裡，家鄉是擁擠的，狹小的，而遠方必然是寬敞宏大的。但直到去了之後才明白，也不過如此，還不如當初好好把握身邊的人脈關係，做一番事業出來。

每個人身邊都有屬於自己的大批寶藏，只不過你天天見，因而沒有意識到其價值罷了。想要獲得成就，就是要將這每天都看在眼裡的重視起來，發現他們的價值。到那時候，你不需要遠走他鄉，也無需請別人幫助，靠自己就可以成就業果。

不動的財富

一個人，你可以沒有太多的錢財，但你一樣可以很富有；你可以沒有很大的權力，但你可以擁有很大的影響力。想要做到這些，靠的就是自身的素質和能力了。有了強大的自身素質和能力，不管什麼時候，不管什麼身份，你都是個大人物。

有一個小偷，晚上溜進一座寺院，想偷東西。但是，他翻箱倒櫃，都找不到值錢的東西好偷。正準備離去時，禪師忽然叫道：「喂！這位朋友，既然要走，請順便為我把門關好！」

小偷先是一楞，隨後說：「原來你這麼懶，連門都要別人關，難怪寺裡一點值錢的東西都沒有。」

無相禪師聽了小偷的嘲笑說：「難道你要我老人家，每天辛辛苦苦賺錢買東西給你偷嗎？」

禪師不是沒有東西，禪師擁有的，是別人偷不去的無盡寶藏。禪師的財富是智慧、善心、風骨、雅量，小偷偷不走。錢財外物，你可以有，他可以有，大家都可以有。它們可能今天屬於你，如果被小偷光顧，明天就不屬於你了。

人要追求別人偷不走的財富，成為真正富有之人。工作中，不要偷懶，要上進；在做事的過程中培養自己的能力，能力有了，錢自然就來了。光看錢，不注意培養能力，錢花完了，就沒錢花了。做人也一樣，不要想著跟哪一個人交朋友，而是要培養對朋友的真心。有了這真心，誰都是你的好朋友；沒有這真心，不管你對對方多麼好，他都不敢相信你。工作中的能力，交友中的真心，都是看不見的，有著巨大能量的財富。

快樂無答案

有一天，有位在家學佛參禪的居士，問百丈山的西堂智藏禪師說：「請問禪師，有沒有天堂地獄？」

智藏禪師回答道：「有啊！」

參禪的居士又問：「請問有沒有佛菩薩？」

智藏禪師也回答道：「有啊！」

參禪的居士又問道：「請問有沒有因果報應？」

智藏禪師也回答道：「有啊！」

不管問什麼樣的問題，智藏禪師都是回答：「有啊！有啊！」

這一位居士聽後就懷疑起來，他說：「我當初去問徑山禪師，徑山禪師跟我回答都說：『無。』我問有沒有因果報應，他說『無』，我問有沒有佛菩薩，他說『無』；我問有沒有天堂地獄，他也說『無』。為什麼我問你，你都說『有』呢？」

智藏禪師聽了以後說道：「哦，原來如此。現在我問你，你有老婆嗎？」

參禪的居士道：「有。」

智藏禪師再問：「你有兒女嗎？」

參禪的居士也說「有。」

智藏禪師問了以後又問：「你看徑山禪師他有沒有老婆？」

參禪的居士說：「沒有。」

智藏禪師再問：「徑山禪師有沒有金銀財寶？」

居士回答說：「沒有。」

智藏禪師終於說：「所以徑山禪師你問他，他都跟你說『無』。現在你有老婆、你有兒女，跟徑山禪師不一樣啊，所以我就跟你講『有』。」

同一件事，在不同人的身上，是有不同意味的。這意味跟人的不同處境，不同心境有關。有些事，在你看來是艱難異常，但在別人眼裡，卻可能極為簡單；有些事，在別人看來，是十分痛苦的，但在你來說或許只是平常事一件。這就是大千世界的美妙所在了。

一個真正聰明的人，從來不去想那事真正是苦還是甜，而是默默體驗其中的味道。這不同的味道會給他帶來不同的體會，讓他得出讓自己成長的道理來。這道理，才是最重要的。

一件事，真正對我們是好還是壞，不在於這件事本身，而在於我們能夠從中體會到什麼。即使是苦事情，只要我們能夠從中獲取有利與我們的成長的經驗，一樣是對我們有利的。

要懂得，專注於自己的成長，比專注於自己的經歷更為重要。

明瞭因果

日本真觀禪師最初研究天臺教義六年，後來修習禪學七年。為了尋師訪道以期明心見性，找到自己的本來面目，於是，負笈中國各名山叢林，參話頭，習禪定，又歷十二年之久，終於在禪門中得到了一點自我消息。

因此，束裝返國，在京都、奈良等地弘揚禪法。當時日本各地的學者蜂擁而來，爭相以困難的問題請求解答。

這些包括：什麼是自己的本來面目？祖師西來意是什麼？狗子到底有無佛性？……等等。

問題雖多，但真觀禪師總是閉著眼睛不予回答。

有一天，一位研究天臺教義三十餘年，年約五十歲的道文法師慕名而來，非常誠懇地說道：「我自幼研習天臺法華思想，有一個問題卻始終不能瞭解。」

真觀禪師介面說道：「天臺法華的思想博大精深，圓融無礙。問題應該很多，你竟只有一個不能解，請示下。」

道文法師問道：「《法華經》說『情與無情，同圓種智』，意思是樹木花草皆能成佛。請問花草成佛，真有可能嗎？」

真觀禪師不答反問：「三十年來掛念花草樹木能否成佛，於你何益？你應該關心的是你自己如何成佛？」

道文法師先是訝異，然後說道：「我的確沒有這樣想過。那麼，請問我該如何成佛？」

真觀禪師說：「你說只有一個問題要問。這第二個問題，就要你自己去解決了。」

這道文法師就是沒有明瞭先後順序，因此沒能找准方向的了。他不明白，普度眾生是佛的事情，一個禪僧，先成佛，之後再去普度眾生才是正道。如果方向反了，還沒成佛，就想普度眾生，那麼不僅眾生不能因他而度，自身成佛的事情也耽擱下了。

真觀禪師讓他第二個問題自己解決，就是希望他能夠忘記之前的困擾，回歸當下，先參禪悟禪，待到成佛之後，再去想如何普度眾生，再去想花草樹木是否能成佛。其實，歸結起來，真觀禪師的意思就一句話，不管做什麼，都要理清因果關係，只有這個因果關係理順了，做的事情才有意義。

就好比，如果你想獲得成功，那麼就先要努力去奮鬥，這是成功的前提。如果你想成功，但並不去奮鬥，而是擺出一副成功者的模樣，四處招搖，彷彿已經做了一番大事業一般，就有問題了。這就是沒有理順因果關係，將果提到了因的前面，這樣的做法是必然無法取得成功的。

不管做什麼，都要先沉下心來，理清思路，找到正確的做事順序，不要顛倒了左右。這樣的人，才是最有可能獲得成功的人。如果不分青紅，只知道去做，則往往就會犯錯誤，顛倒了順序，從而陷入了迷途。

給心留一點空隙

有一位學者教授平常的所知障很重，很執著、也很傲慢，總歡喜和人辯論，對於其他的學者總是不服氣。有一天，這一位學者特地到南隱禪師處請示他什麼是「禪」，想在禪的這一個主題上和南隱禪師做一番較量。

禪師以茶水招待他，就在茶杯遞上來的時候，用茶壺倒茶；禪師不斷的把茶注入到茶杯，眼看茶杯裡面的茶一直往外滿出來，學者終於忍不住說道：「禪師，茶已滿出來了。」

南隱禪師到這時候才說道：「先生，你就像這只杯子一樣，你心中滿是學者的看法與想法，你滿是學者的那種執著，你如不事先將自己心中的杯子倒空了，叫我如何對你說禪？」

所以自滿、傲慢、一直懷著成見的人，就算天降甘露，也無法流入他心中。

「如器受於水，如地植於種。」求學求法的人應該注意這兩句話。必須要裡面沒有染汙的東西，水倒進去才能清潔；桶不要漏，倒進去的水才不會失去；桶不要把它顛倒反過來，也就是不能自傲自滿，使水倒不進去。所以「如器受於水，應離三種失」。如地植於種，好像這個地下我們要播種了，土地一定要沒有荊棘，播下去的種子才會成長；必須要把種子播到土裡面去，沒有飛鳥來把種子吃了；這一塊土地還要耕得非常鬆軟不能堅硬，沒有開墾，植物不會在上面生長。

心也一樣，內心種植太多荒草，那麼，莊稼就再也長不出來了。所以，如果想要快樂，想要獲得更多的知識，就要懂得清理自己的內心。將以往的種種及時忘掉，給自己的內心留一點空隙。這空隙可以讓陽光照射進來，溫暖你的心房。

如果一味抱著以前的東西不放，總是糾結於過去所遭遇的種種，那麼，你將永遠都活在過去的陰影當中。每當你回憶一次過去的遭遇，就好像又經歷一次那遭遇一般，給你帶來的除了痛苦，再無其他。一定要明白，過去的事情已經過去了，不管你想還是不想，都不會再來，也已經無法改變。既然如此，又何必拘泥於它呢？將它徹底忘掉，豈不是更好！

走進自己的內心深處

人們常說知易行難，這話是有道理的，關於理論每個人都知道不少，可是真正落實到實際生活上，有些就無法辦到了。其實，造成這樣的原因，還是因為自己對自己沒有一個清醒的認識。

其實，認識自己方面，也是一樣的遵循著知易行難的規律的。很多人覺得很瞭解自己了，其實也不然。

一天，龍牙禪師對德山禪師說道：「假如我現在手中有一把鋒利無比的寶劍，我就把你的頭砍下來。你覺得如何？」

德山禪師立即伸出脖子道：「你砍吧！你砍吧！」

龍牙禪師哈哈大笑：「你的頭已經被我砍下來了！」

德山禪師也哈哈大笑：「我的頭已經落地了！」

事後不久，龍牙禪師往見洞山良價禪師，就把和德山禪師的這一段對話報告給洞山良價禪師。

洞山良價禪師聽完，就道：「德山的頭沒被你砍了，倒是你的頭已經被德山砍下來了。」

龍牙禪師辯解道：「我的頭還在啊！」

洞山良價禪師說：「是你自己把頭砍下來拿給我看的呀！」

龍牙禪師這時才真正的大悟了。

良價禪師說龍牙禪師才是輸的那個，意思是龍牙如果真的悟道，四大皆空了，他跟德山禪師的公案過去後，也就該忘記了。

但龍牙禪師沒有，而是將這個當做自己的功績，在良價禪師的面前炫耀。因此上，良價禪師說龍牙禪師並沒有勝利。

一個得到高僧，尚且不能完全瞭解自己，無法發現自己潛意識的爭鬥心，平常人想要做到這一點就更難了。比如生活中，很多人都覺得自己愛家人比愛自己更多些。可是，一旦發生某些小事，馬上就會暴跳如雷，跟家人吵架。這樣的人，就是屬於此類了。他們也是真正想愛家人，也真正覺得自己是愛家人的。不過，頭腦雖這麼想，但其潛意識中並非如此。

而是實際行動暴露了自己的本質。

想要避免這種現象，就要懂得自省，即時觀察自己的所作所為，用旁觀者的眼光看一下自己，自然就好了。

來自內心的尊重

延沼禪師在南院慧顒禪師處參學，共有六年之久，任職園頭。有一天，南院慧顒禪師特地到田裡問延沼禪師說：「你從南方來，請問你南方禪門的一棒作何商量？」

延沼禪師回答道：「好商量。」此話剛說完，他立即反問南院慧顒禪師說道：「這裡的禪門怎麼樣呢？」

南院禪師用力地握住一根棒子說道：「棒下無生忍，臨機不讓師。」延沼禪師聽了這一句話以後，立即大悟了。

南院禪師問延沼禪師南方的禪門怎麼樣；他說：「好商量。」這個就是指南方的禪門各有各的家風，他們的禪法是教學理論化。他反問南院禪師，南院禪師就告訴他：「棒下無生忍，臨機不讓師。」這個意思就是我們這裡的禪門，不可以商量，就是不重視知識的、不是研究的。延沼禪師因此就契入了。

南院禪師再問道：「臨濟禪師臨終時，端坐著說：『我圓寂之後，我的正法眼藏不得滅卻。』學僧當中有一三聖禪師，馬上走向前去，說道：『弟子怎麼會滅卻老師的正法眼藏。』臨濟禪師道：『今後如果有人問你的時候，你要如何回答？』於是三聖禪師大喝一聲。臨濟禪師道：『沒料到我的正法眼藏就在你這一隻瞎驢之下消失了。』說完端坐著遷化。臨濟禪師說過：『誰知吾正法眼藏，向這隻瞎驢滅卻。』他平常像一隻猛獅，逢人就要殺，但是臨終的時候，卻如此屈膝，這是為什麼？」

延沼禪師回答道：「正法的密付的時候，身心終要歸於寂滅。」

南院禪師又再問道：「那麼三聖禪師為什麼只喝不說？」

延沼禪師道：「因為他已經能夠繼承密付成為入室的真子，和門外遊手好閒的人不同。」

臨濟禪師平時的硬朗，在於教化世人，因棒喝才會讓人記憶深刻，因此才硬朗。臨終時傳的是衣缽，自然要溫婉，因為這是對佛的尊重。

一個真正的尊者，不管他用什麼方式來開示別人，心內對佛法始終是尊重的。禪師們可以教示人們去尿臭裡參禪，但絕對不會不敬重禪。這才是他們的可敬之處，將禪放在心裡，而不是放在嘴上。

不管做什麼事情，你可以採取非常手段，但心中一定要有一份虔誠在。這份虔誠才是決定你是否有成就的原因。就好比對父母，可以不給他們提供華麗的衣食，可以不給他們豪華的住處，但一定要從內心對他們有敬重，這樣的做法才是真正的孝道。古話說「百善孝為先，原心不原跡，原跡貧家無孝子。」也正是這個道理。

真正的尊重和在意，不是掛在嘴上的，而是放在心裡的。在心裡真正在意了，那麼嘴上有時稍有不尊，也是沒問題的。如果心內不在意，那麼即使嘴上說的再好，依然等於零。

道在細微

宋朝翰林學士蘇東坡，一次與趙覺禪師談論情與無情、同圓種智的問題，忽然有所覺悟。因此，作了三首詩表示未參禪前、參禪時，以及參禪悟道後的心得。分別是：

「西湖煙雨浙江潮，未到千般恨不消，即至歸來無一事，西湖煙雨浙江潮。」

「橫看成嶺側成峰，遠近高低各不同，不識廬山真面目，只緣身在廬山中。」

「溪聲盡是廣長舌，山色無非清淨身，夜來八萬四千偈，他日如何舉似人。」

禪悟以後，蘇東坡對佛法自視更高。

有一天，聽說荊州玉泉寺承皓禪師禪門高峻，機鋒難觸，東坡心中甚為不服。於是，微服求見承皓禪師。

「聽說禪師禪悟的功行很高，請道禪悟是什麼？」

承皓禪師不答，反問道：「請問尊官貴姓？」

東坡：「姓秤，乃秤天下長老有多重的『秤』！」

承皓禪師大喝一聲，說道：「請問這一喝有多重？」

東坡無以為對，禮拜而退。

關於參禪，青原行思禪師曾將之分為三個階段，參禪前看山是山，看水是水；參禪時看山不是山，看水不是水；悟道以後，看山又是山，看水又是水。然而，禪者經此三關，雖能開悟，但並非修證；悟是解，修屬證。也就是雖然明白了佛法大意，但並未成功果。

蘇東坡雖然聰慧，但尚屬開悟之前，也即將要開悟的階段，因此上，比他修為更深的禪者，自然是大有人在的。

不過，蘇東坡自視甚高，因此覺得自己已經可以俾睨天下了，才狂妄地稱自己為稱量天下人的「秤」。他的這一番言語，可謂是自大之極了。然而，這一番自吹之後，承皓禪師一聲喝，就破了他的法身。這蘇學士也算是倒楣。

大致上說來，完全不懂者，多低調，因為聽不明白別人在說什麼，自然心生崇敬，而不敢多言。所知甚多者，也往往低調。因為他們知道的多，所以也知道自己不知道的還很多。只有處在這中間的，那些一知半解者，才異常高調。他們瞭解了大概面貌，所以談起來也是那麼回事，但又因為沒有窮極義理，因此不知道還有很多細微之處自己不懂。只是覺得自己已經是無所不知了，這正是其自大的原因，也是其常常出醜的原因。

想要避免出醜，就要有一種窮極細微的精神。在做事的時候，要有衝勁，這衝勁是狠勁，鑽勁，不管做什麼，都要在心中立志將之做好，不管學什麼，都要追問到每一個細微。只有這樣，才能成為真正的學人。

世事 執著 知見初

放下執念，勿強求

當人無法放下執著時，

他就看不遠

智之見初 執著無

第四章
於平常中發現不平常

要懂得變與不變的真正含義。

如果一個人你能夠說出他的全部，那麼，你肯定就是不瞭解他的。
如果你對他一詞也形容不出，那麼，你對他也是不瞭解的。
真正走進你的內心的人，對你是有說有無法言說的。

你真正瞭解的人，對其也是有說有無法言說的。

變與不變

岩頭禪師在唐武宗毀滅佛法時，知道無法再穿僧裝，便縫製了一套在家的俗裝，準備到不得已時可以應變。

不久聖旨下來，強令僧尼還俗，有聲望的高僧還要逮捕判刑。岩頭禪師為了躲避滅佛的苛政，穿了俗裝悄悄躲進一個在家修行的師姑佛堂。當時師姑正在飯廳吃飯，岩頭禪師大搖大擺地走進廚房，拿起碗筷也吃起飯來。

師姑認出是禪師時道：「嗄，原來是岩頭上座，怎麼變形了？」

岩頭禪師安然說道：「形可變，性不可變。」

後來，大彥禪師初次參見岩頭禪師時，在門前看見岩頭禪師戴了一個斗笠大搖大擺走過來，大彥禪師用手敲敲斗笠問道：「岩頭禪師你還認得我嗎？」

岩頭禪師抓起了一把土，朝大彥的臉上撒去：「世間的變化無常，我那裡還記得你？」

大彥禪師說：「世間是無常，法性是永恆，怎可不認識我呢？」

岩頭禪師一聽，當場打了大彥禪師三拳。於是大彥禪師站好姿勢，走進僧堂。岩頭禪師這時才說：「剛才我們已經寒暄完了，你根本不必再進僧堂。」大彥禪師聞言轉身即走。

第二天吃早飯時，大彥再進僧堂。剛進門，岩頭禪師立刻從法座上跳下來，一把抓住大彥的胸襟說道：「你快說，不變的前帳在哪裡？」

大彥禪師也一把抓住岩頭禪師說道：「在師姑家裡，形可變，性不可變。」

說罷兩人哈哈大笑。

「行可變，性不可變。」說的是形相是生滅變易的，法性是不會變的。就像每個人都要經歷生老病死，要從少年成長為一個耄耋老人，最後化為灰燼，溶於泥土，但這個人的心卻總是那一個，永遠也不消滅。這裡的心，就是禪師口中的「性」。再說得通俗一點，就是我們一直在追求的夢想，是我們給自己定的遠大的目標。

很多人有自己的人生目標，也在追求，但追求的形式單一，缺乏手段上的變化。他們在自己的內心中，給自己設定了一條路，然後沿著這路途，一路走下去，如果哪一天，發現路偏了，或者自己無法前進了，便會自怨自艾，從此失去信心。這，就是不懂得變的人了，對這些人來說，自己規劃好的路，就是自己前進的障礙。

一個聰明人，肯定是岩頭禪師那樣的人，目標是確定的，但路徑不確定，有變有不變。變得是方法，不變的是目標。

要懂得變與不變的真正含義，知道什麼是可變的，什麼是不可變的。這樣，才能夠更好的做事，也才能真正得到快樂。

專大於通

南陽慧忠國師曾做過七個皇帝的老師，是禪門中一個很重要的人物。國師浙江人，俗姓冉，號光宅，是六祖惠能大師的弟子，二十六歲時便開始為皇帝說法。

有一天，唐代宗召見了一名自號太白山人者。代宗告訴慧忠國師：「此人自認為一代奇人，頗有見解，敬請國師考驗。」

慧忠國師先看看太白山人，然後問道：「聖上說你是一代異士，請問你有什麼特長？」

太白山人道：「我識山、識地，上知天文，下知地理。作文認字，無一不精，並長於算命卜卦。」

慧忠國師問：「請問山人，你所住的太白山是雄山，還是雌山？」太白山人聞言茫然，不知所對。

慧忠國師又問：「請問這是什麼地？」

山人道：「算一算便可知道。」

慧忠國師在地上寫了個「一」字問道：「這是什麼字？」

山人答：「一字。」

慧忠國師糾正道：「土上加一，應是『王』字，怎麼會是『一』字呢？」

國師再問：「三七共是多少數字？」

山人回答：「誰人不知三七是二十一！」

慧忠國師道：「三和七合起來是十，怎麼一定會是二十一呢？」

一旁的代宗聽了非常歡喜：「朕有國位，朕有國家，不足為寶。朕有國師，國師是寶。」

知識分兩種，一種比較駁雜，涉及面廣。有這種知識的人，往往看上去非常淵博，一副知天知地的樣子，但卻經不起推敲，因為他們太過貪多，結果弄得樣樣皆知，但卻樣樣不精。在一般人前尚可賣弄，真正遇到高人，就捉襟見肘了。

另一種知識比較簡單，專攻一門，不過這種知識雖簡單，但深邃。擁有這種知識的人，往往更深刻。因為他們更專，因此能夠將一個領域的知識研究到窮盡，從而獲得大智慧。

故事中的山人，就是前一種，慧忠禪師就是後一種。因此，當在普通人面前的時候，山人顯得很博學，但一遇到慧忠禪師，就暴露出自己的淺薄了。

如果你真的想要獲得知識，想要擁有智慧，想要做一個博學的人。就要學習慧忠禪師，而不要做山人那樣的人。要懂得一門精勝過門門通但門門鬆。

然而，想要做到一門精卻並不容易，不僅需要一種鑽研精神，還要能夠忍受寂寞。門門皆學的人，很容易得到別人的認可。因為他們只要瞭解些粗淺的知識，掌握些偏僻的詞彙，便可在人前賣弄了。而專攻一門的人，想要獲得別人的認可，必須要在自己有所成之後。這樣，後者就比前者更加寂寞。在努力的道路上，必須要蟄伏很久，方才能夠大放光芒。

要有一顆淡定的心，要緊盯自己的目標，在目標實現之前，不管有多寂寥，都要忍。這忍，是很難的，但正因為難，如果你忍住了，才能散發更大的光芒，取得更大的成就。

不瞭解的才是真朋友

雲岩曇晟禪師初參藥山禪師時，藥山禪師問他：「你從什麼地方來？」

「百丈懷海禪師那裡來。」

「百丈懷海禪師有何言句開示？」藥山禪師問。

「平常都說我有一句百味具足。」

「鹹則鹹味，淡則淡味，不鹹不淡是常味，你講的百味具足是什麼？」

曇晟禪師無言以對。

藥山禪師接著說：「我亦有一句，爭奈目前生死何？」

雲岩曇晟答：「目前無生死。」

藥山禪師再問：「你在百丈禪師處住多久？」

「二十年。」

「二十年在百丈處，俗氣仍未去除。」

有一天，藥山禪師又問雲岩曇晟禪師道：「百丈禪師除一句百味以外，還說些什麼佛法？」

雲岩曇晟禪師說道：「有時道三句要我們省去六句會取。」

藥山禪師喜形於色說：「三千里外且喜沒有交涉。」接著再問：「除了這些以外，還說什麼佛法？」

雲岩曇晟禪師說道：「百丈懷海禪師有時當大眾上堂時，用拄杖將大眾趕走。然後又再召集大眾回來。大眾回來之後，自己不說為什麼，反而問大眾：這是什麼？」

藥山禪師聽罷說道：「你為什麼不早一點跟我說呢？從你的口裡，到現在我才見到我們的懷海師兄。」

百丈懷海禪師當大家集合立定後，叫大家去去去，意思是禪不好說。又叫大家來來來，是因為，禪也不得不說。所謂禪在說與不說間，看你怎樣去體會。雲岩曇晟禪師也因此而大悟。我們要認識一個人，有時要經過許多年月，要費些周折。二十年不長，三千里不遠，直到說無所說才認識百丈懷海，這就是所謂的「一句百味」了。

認識一個人，有時要經過許多年月，這中間的過程，就是在說與不說之間搖擺的過程。見到一個人的時候，首先看到的是他的樣貌，這樣貌就是可說的，我們能夠用語言去描述。之後慢慢接觸，一點點熟悉，最後成了好朋友。這時候，彼此間會有更多的交往，會在一起生活，在一起做事。其間，有感動、有誤會，有相互理解，也會有彼此間的爭論。這些，就是不能言說，而只能去體會的。在這說與不說之間，我們真正認識了這個人，瞭解了他的內心。

如果一個人你能夠說出他的全部，那麼，你肯定就是不瞭解他的。如果你對他一詞也形容不出，那麼，你對他也是不瞭解的。真正走進你的內心的人，對你是有說有無法言說的。你真正瞭解的人，對其也是有說有無法言說的。這，才是真正的交往。

未來就是現在

有一天，馬祖道一禪師與百丈懷海禪師一起散步，忽然見到一群野鴨子從頭頂上飛過。

馬祖就問百丈禪師：「那是什麼？」

百丈禪師不假思索地回答：「那是一群野鴨子。」

馬祖禪師再問：「野鴨子飛到哪裡去？」

百丈禪師回答：「飛過去了！」

馬祖用力捏了一下百丈禪師的鼻子，百丈痛得大叫。

馬祖指著百丈的鼻子說：「不是在這裡嗎？你怎麼可以說飛過去了？」

這一句話使百丈禪師豁然大悟。然後，一句話也不說，回到房裡痛哭流涕。

禪友們覺得奇怪，百丈禪師照實回答，說給馬祖道一禪師捏痛了鼻子。

禪友們不解：「是你做錯了什麼事情嗎？」

「你們可以去問問老師。」百丈說。

禪友們就去問馬祖禪師。

馬祖禪師說：「百丈自己知道，怎麼問我呢？」

禪友們又再回頭來問百丈禪師，百丈禪師哈哈大笑。

禪友們見他先哭後笑，真是莫名其妙，問他緣故。

百丈禪師回答：「我就是以前哭，現在笑！」

百丈禪師一開始時犯了時空的錯誤，說野鴨子飛過去了。馬祖道一禪師指出了他的錯誤，用一捏，將時空的分界給捏碎了，讓百丈禪師明白，現在和未來，這裡和那裡是沒有區別的。時空分界不在了，百丈禪師自然也就悟道了。

很多人執著於現在和未來，總是將未來描繪成一副美好的景象，將那快樂寄託給了未來，同時又討厭自己的現在，覺得現在一無所有，是不快樂的。這就有問題了。人生是不分過去現在未來的，不管處在哪個時段，都是你自己。如果你現在感覺到不快樂，那是因為你的心內負擔太多，是你這個人不快樂。那麼，等你到了未來，依然是不快樂的。

聰明的人，會從現在開始，改變自己的心，將每一個瞬間都變成自己的快樂瞬間。這樣的人，不管什麼時候，都是能夠獲得快樂，保有幸福的。

直達本質

太原孚上座禪師有一次在揚州光孝寺講涅槃經三德法身，廣談法身妙理時，有一位禪師忽然大笑不已。

孚上座很納悶，講完經後，備妥茶點，請禪師喝茶。問道：「剛才講經，依文解義，我知道不夠深契佛旨。適蒙見笑，希望您能不吝慈悲，給予指教。」

禪師莊嚴地回答：「座主剛才所講的三德法身，在我聽來，座主並不認識法身，請再講一遍。」

太原孚上座就說了：「法身之理，猶若太虛，豎窮三際，橫亙十方；彌綸八極，包括二儀，隨緣赴感，靡不周遍。」

禪師說道：「我不說座主講的不對，只說座主對法身體相妙用未能認識。」

「既然如此，請慈悲為我開示。」

「你信得過我嗎？」

「怎敢不相信？」

於是禪師說道：「你從現在起停講十日，於室內端然靜慮，收心攝念。把善惡諸緣一起放下，再重新認識。」

太原孚上座依禪師所言，每日靜心息慮，從初夜到五更。有一天，聞鼓角聲，忽然有所契悟，便去叩禪師的門。禪師說道：「我教你傳持大法，夜來為何酒醉？」

太原孚上座說：「今日始知過去講經，將生身父母鼻孔扭捏太緊，致使不能任性逍遙。從今以後，不敢在語言文字上搬弄。」太原孚上座就把講經遍歷諸方，終能名聞宇內。

法身，即真理之身，亦是吾人的本來面目，若用兩字表示，則是「禪心」。這禪心，跟真理一樣，是永恆不變的，雖時間流逝，空間交錯，它都屹立在那裡，散發著一樣的光芒。

求佛者，要參悟的就是這禪心；俗家人，要明白的就是這真理。僧有禪心之後，會忘記自身，而擁有法身。俗家人掌握真理之後，會透過表面，看到事物的本質。這法身和本質，才是真正能給人帶來教益的東西。

然而話雖如此，想要獲得這直達本質的能力卻並不容易。首先，需要開闊視野，只有見的多了，才有可能知道眾多真相。其次，要不停學習，只有透過學習才能讓自己掌握更多的知識，知識多了，自然認識水準也就上去了。再次，還要懂得轉換思維，學會換位思考，遇到事情的時候，多從幾個角度下手，自然能夠直達事物的本質。

有了看透事物本質的能力之後，也就不用擔心有做不成的事情了。

沉默的朋友最真

黃龍慧南禪師住在淨戒寺時，有一天與洞山圓價禪師相見。

黃龍禪師默然無語，洞山圓價禪師也沉默無話，兩人只是焚香對坐而已。從下午一直坐到深夜，不動也不說。

夜很深了，洞山圓價禪師站起來說了一句：「夜深了，妨礙你的休息。」說完，不等黃龍慧南禪師回答就走出去了。

第二天，就各自回到自己住的地方。黃龍禪師一回到自住的禪院，迫不及待地問一位永首座：「你住在廬山時，認識洞山圓價長老嗎？」

永首座答說：「不認識，只聽過他的名字。」

然後反問黃龍慧南禪師：「老師，您這次見到洞山圓價，你看他是怎麼樣的一個人？」

黃龍禪師回答：「奇人，奇人！」

永首座退下以後，詢問跟隨黃龍慧南禪師一起到淨戒寺的侍者：「聽說老師見到洞山圓價禪師時，兩人對坐的時間很長。他們在夜間談些什麼？」

侍者就把兩人無語對坐的情形說了。

永首座聽完，深深地呼了一口氣，喟然歎道：「疑殺天下人！」意指這兩人雖然對坐不語，實在是說盡了天下的語言。

人與人之間，是要用語言文字進行交流和溝通的。不過，很多時候，語言和文字不但不能讓溝通雙方互相理解對方的意思，反而會讓其產生分歧。這一點上，可自古文人之間的互相曲解和攻訐中，可見一斑。因此上，很多時候，沉默就成了某些人用來跟別人溝通的工具了。。

而沉默也確實是考驗人的。一個禪修者，在與人對面而坐的時候，如果忍受不了別人的沉默，會感覺尷尬，說明他的內心還不夠空，依然在在意別人的看法，這就是沒得道的表現。

一個普通人如果無法面對對方的沉默，說明他對這個人是有防備的，沒有真正對對方敞開心扉。就像很多人說的那樣，真正的友情，不是在一起有三天三夜也聊不完的話，而是對坐三天三夜而彼此無言，依然不會覺得彆扭和尷尬。這，都是沉默的力量，它更像是一把尺規，可以有效衡量出參禪著是否已經悟道，也可以衡量俗世人彼此之間的真心有幾何。

如果你想要讓自己真正快樂，就要多交一些可以彼此忍受對方的沉默的朋友。這樣的朋友，才是真正能夠走進你的內心的。在你迷茫的時候，他們可以給你指引道路，在你煩躁的時候，他們會幫你排遣怒氣，在你獲得成績的時候，他們也會真心為你歡呼。

茶杯不是茶杯

人間事，總要分出個好壞，世間人，也總要分出個善惡。事中好者，人中好者，常被人稱頌，而壞者，則常被人詬病。這是人之常情，也是世間顛撲不破的道理，這道理在，人間的正義就在。不過，人和事是容易分清好壞善惡的，但世間的物，卻不好分。有時，它們是善的，有時，它們又是惡的。

漸源仲興禪師在道吾禪師處任侍者時，有一次端茶給道吾禪師。道吾禪師指著茶杯問他：「是耶？非耶？是邪？是正？」

仲興禪師走近，面對著道吾禪師，一句話都不說。

道吾禪師說道：「邪則總邪，正則總正。」

仲興搖搖頭表示意見：「我不認為如此。」

「那你的看法是什麼？」

仲興就把道吾手中的杯子搶到手裡，大聲問道：「是耶？非耶？是正？是邪？」

道吾禪師開示：「所謂邪人說正法，正法也成邪；正人說邪法，邪法也成正。」

茶杯的正邪在於在誰的手中，其他事情也是類似的道理。人遇到另一個人的時候，總是會有個先驗的判斷，判斷對方是好人是壞。其實，人也跟茶杯一樣，是沒有好壞之分的。一個做過錯事的人，在好人手下，也可以是一個好人，一個沒做過錯事的人，如果被壞人蠱惑了，也會做出大惡的事情來。

就好像殺人無數的裘千仞，被一燈大師點化之後，便成了一個好人，最後因維護民族大義而死。而確實也有很多好人，無意間被壞人利用，從而做出大錯事來。

看一個人，不要看表面，也不要看過去，要看現在，看未來。如果這個人現在一心向善，總是以結交良善為樂。那麼，他就有變成好人的可能，如果這個人雖然老實，但卻整天跟些沒有正經的惡人在一起，那麼他也難免不被沾染。這是識人的學問，其實也包含著做人的學問。

不管你以前做過什麼，都不要看得太重。以前做過錯事，不要緊，從今後改正過來，跟善良的人交朋友，跟他們一道去做好事，人們也會原諒你之前的錯。因為自己之前是個好人，便自信滿滿，覺得跟壞人在一起玩也無礙，難保有不被拖下水的一天。

絕望即是希望

陝西汾州無業禪師初參馬祖道一禪師時，由於相貌魁偉、聲如洪鐘，馬祖一見即取笑他說：「魏魏佛堂，其中無佛。」

無業禪師恭敬說道：「三乘文學，自信粗窮其旨，但禪門即心即佛，實在未能明瞭了。」因為馬祖道一禪師一向提倡即心即佛，有人問他如何是心，他就說即佛即心，有人問他如何是佛，他說即心即佛；所以汾州無業禪師到這裡來，就是希望瞭解即心即佛究竟指的是什麼。

馬祖道一禪師見他來意真誠，就開示道：「只未了底心即是，更無別物，不了時即是迷，了即是悟，迷即眾生，悟即是佛。」

無業禪師再問道：「心佛眾生外，更有佛法否？」

馬祖道一禪師說：「心佛眾生，三無差別，豈別有佛法？如手作拳，拳空如手。」

無業禪師再問道：「如何是祖師西來意？」

馬祖禪師道：「祖師今何在？你且下去吧，以後再來！」

無業禪師不得已，就告辭出門。當他正要跨出門檻的時候，馬祖禪師大叫一聲「大德」，無業禪師就回頭。

馬祖禪師就問道：「是什麼？」

無業禪師當即跪下禮拜，哭訴道：「本謂佛道長遠，今日始知，法身實相，本自具足。」

馬祖禪師這個時候終於讚美他說：「這個鈍漢悟了也！」

無業禪師苦自修為幾十載，卻不如馬祖禪師的一喝之力，是因為馬祖禪師把握了契機。無業禪師幾十年的修為雖沒讓他悟道，但也幫他積累了很多對禪的體悟，當這些體悟積累到一定時間的時候自然會產生質變。不過他修為不夠，因此無法掌握質變的契機。馬祖禪師是大智慧者，自然能捕捉到這時機。他明白，一個人近乎絕望的時候，就正是改變的最佳時機。因此才在無業禪師無望離去的時候突然大喝。

馬祖禪師掌握得如此精準，就是因為他懂得無望之望。一個人的絕望，並不是走投無路，而是新路途開始的最佳時機。

在面對絕望，找不到路的時候，不要急，更不要棄，冷靜下來，你的眼前很可能就會出現一條新的路。要懂得，無路就是有路，絕望就是希望。因為無路，也就沒有了任何掛礙，這時候，已經到了最低谷，不管往哪裡走，都是走向高處。絕望也一樣，在絕望的情況下，不管做什麼，都是能夠帶來希望的。

面對困難的時候不要怕，低頭去做就可以了。這時候，不管你做什麼，都是有意義的，都能帶你走出困境。

不要分好壞

有一位年輕的沙彌，帶著非常懷疑的心情訪問無名禪師，問道：「禪師，您說學佛的人要發菩提心，要普度眾生，但是一個壞人他已經失去了人的條件，那就不是人了，既然不是人，還要度他嗎？」

無名禪師拿起筆來在紙上寫了一個「我」字。不過無名禪師寫我這一個字的時候，是把它反寫，如同印章上的刻字，正反顛倒。

無名禪師把這一個我的反字寫好後，就問沙彌說道：「這是什麼字？」

沙彌回答：「這是個字，只是寫反了。」

無名禪師就問道：「這是什麼字。」

沙彌答說：「是一個『我』字。」

禪師追問道：「寫反了的『我』算不算『我』字呢？」

沙彌回答道：「不算。」

禪師道：「既然不算，你為什麼說它是個『我』字？」

沙彌立刻又改口說道：「算！算！」

無名禪師說道：「既然算字，你為什麼又說它反了呢？」

沙彌一下楞住了，不知如何回答。

無名禪師就說道：「正寫是字，反寫也是字，你說它是『我』字，又認得出那是反寫，主要是你心裡真正認得『我』字。相反的，如果你原不識字，就算我寫反了，你也無法分辨，只怕當人告訴你那個是『我』字以後，遇到正寫的『我』字，你倒要說寫反了。同樣的道理，好人是人，壞人也是人，最重要的在於你需要認識自己的本性。當你遇到惡人的時候，仍然一眼便能見到他的善惡，甚至於能喚出他的本性，本性既明，便不難度化了。」

無名禪師的意思是，好人要度，惡人更要度，而且，越是污泥，越容易長出清淨的蓮花。如果認為好人該度，壞人不該度，那就是曲解了佛的真意了。

就像強盜，絕對屬於壞人，他們強搶人財，據為己有，是大不當的。但是，這個強盜之所以搶錢，有可能是為自己生病的老母治病，那麼，在母親面前他就又是好人了。所以，這強盜也是好中有壞，壞中有好的。我們將之稱為好人合適，還是將之稱為壞人合適呢？可見，世俗凡塵中，只以好壞區分人，也是不很恰當的。

不要去刻意區分好壞。而是要將之放在一個環境當中考量。當有人忽視我們的時候，不要先對其產生不快，而是想想他為什麼這麼做，是迫不得已還是真的瞧不起你。當有人無緣無故對你好的時候，也要想想，對方是對你有所求，還是真的對你好。只有將這些想明白了，才能讓自己免受傷害。如果只是以第一印象的好壞來區分人，往往會得出錯誤的結論。

偷不去的財富

有一位良寬禪師，是一位很有名的禪者，他住在一座高山山腳下的小茅屋裡，過著非常清苦的生活。

有一天晚上，竟然來了一位小偷光顧他的茅廬，小偷在茅屋裡翻來翻去，找不到值得一偷的東西。

正當這個時候，良寬禪師從外面回來，碰見這位鼠賊，禪師就對小偷說：「你也許不遠千里而來，我這裡也沒有什麼值錢的東西，但是，你既然來了，也不能空手而回。」說著就把身上的上衣脫下來送給小偷當做禮物。

小偷大概太窮了，雖然不好意思，仍然拿了衣服，飛奔逃去。

良寬禪師穿著內衣站在門口觀賞天上的明月，同時在心裡不斷地吟誦：「但願我也能把美麗的月亮送給你就好了。」

世界上有不少人靠乞討維生，甚至還有人靠偷竊生活。這些人不費吹灰之力，就能得到錢財，可謂是省事之極。但是，我們也可看到，從沒有一個乞討或偷竊的人能發財。原因無他，沒有真正的努力，就沒有真正的財富。世間很多人不懂得這個道理，而用種種方法去侵佔、聚財。覺得那樣財富來得更快，殊不知，那樣是無法獲得真正的財富的，即使暫時有所得，也終將會失去。更重要的是，財富本身也並不是人生最重要的東西。你擁有再多又有何用呢！百年之後，還不是雙手空空而去嗎？

做人要坦蕩，要正直，不要靠偷搶去生存。因為偷搶的結果也不過是水中撈月，最後一無所得。真正的寶貴的東西是偷不走也搶不走的。

其實世間沒有窮人，每個人都擁有三千世界，每個人都擁有宇宙：只要你心中可以容納。只有心中無容納之地的人，才會想去偷別人的東西，這樣的人是可憐的，自然也是可悲的。

要懂得發現自己的財富，而不要去覬覦別人的東西。只有將自己的財富都開發出來了，你才是真正的富有，如果自己不努力，而想著去別人那裡獲取財富，那麼即使得到了，也不會給你帶來真正的快樂。

不要為了做事而做事

所謂「授人以魚，不如授人以漁」。要幫助他人，給他們錢財，不如教他們賺錢的本事。同樣，對自身也是如此，追求魚不如追求漁，與其注重財富，不如注重獲取財富的本事。在修禪和做人上，其實也是遵循著這個道理的。與其在意禪的形式，不如有一顆禪心；與其專注於去做好事，不如培養一顆善心。只有有禪心才能成佛，只有有善心才是真正的功果。

佛光禪師有很多門徒，他對門徒非常的慈悲，養育、教育他們，門徒中有生病的，他總是用心看護、醫療。對於徒眾日常參學及生活所需，他也考慮周詳，因此，弟子們的衣食從來不曾短少。

有一天，掌管錢財的總務來找佛光禪師，向禪師反應：因為徒眾先後患牙疾，花費相當龐大，似應考慮稍加節制，可是這佛光禪師仍然交代總務，不惜一切照顧大眾的醫療費。

總務又說：「大眾們受了常住的這種恩賜，不但不回報，有時還不知足，不滿常住，為他們花這筆錢真不值得。」

佛光禪師聽了以後，淡然地告訴總務：「這許多人口中雖然說不出什麼好話，但是卻不能不給他們一口好牙。」

禪師表面上說的是牙，其實說的是心。度人，不僅要教育他們做好事，更重要的是讓他們有一顆好心；修禪，修的不僅是各種規矩和禮法，更是在修一顆禪心。因為做幾件好事，未必就真的有好心，懂幾句佛法未必就真的懂禪。好心和禪心是根本，好事和佛法是外在，只有搞清主次，從根本上解決問題，才是真正的解決了問題，如果只注重表面，那麼，還不如不做。因為它不僅不能達到真正想要的效果，往往還容易落得一個虛偽的臭名。

我們平時的生活要分清主次，不要流於表面。比如不要為了做好事而去做好事，而要以培養善心的角度去做好事，有了善心，那麼你做的每一件事都是好事。工作上不要為了做事而做事，而是要注意培養做事的能力，有了這種能力凡事都能做好。如果只專注於表面，那麼即使做的事情再多，面對沒遇到過的事情的時候，也是難以做成的。

不同境界

有一位學習佛法的法明法師，平常講經說法寫文章，可說是相當的有名氣。有一天，法明對參禪的慧海禪師說道：「禪師，我看你全身都是空蕩蕩的。」

慧海禪師回答他道：「我看你的全身也是空蕩蕩的。」

法明禪師聽了以後，大吃一驚，就問道：「你為什麼說我全身是空蕩蕩的？」

慧海禪師就說道：「你只知閱讀經論，執著紙墨文字；紙墨文字都是假相，本體是空的，你停滯在空的上面，執著假相，所以你不是落空了嗎？」

法明禪師聽了以後，不服氣的說道：「那麼你參禪也是一無所有，一無所得，你不是也落空了嗎？」

慧海禪師回答道：「我參禪不落空，因文字是從智慧而生，而智慧就在我們自己的心上，要寫要說都由我自己；我要什麼，心上就會生什麼，所謂：三界唯心，萬法唯識。心生則萬法生，心滅則萬法滅。我哪裡會落空呢？」

人生在迷是空蕩蕩的，在悟也是空蕩蕩的，同是空蕩蕩的，但是不同的境界。有的人空蕩蕩的，是世間上那個頑空，事實是世間生滅的空、空無的空；而參禪證悟所證悟空的境界如虛空，虛空裡面包容了萬物，所以空而不空，所謂真空生妙有。同是空蕩蕩的，但是不同的境界。

這就好比喝茶，同樣的茶，同樣的水，同樣的泡法，但不同的人喝，卻有不同的感覺。在會品茶的人那裡，不僅可以喝出這茶的味道，還能喝出這茶的意蘊。而在不懂得品茶的人那裡，則只不過是用來解渴的水罷了。

做人，就要做那境界高的人，做事，就要做那虛空境界裡的事。而想要達到這種境界，就需要好好修為一番了。

首先，看事物不要看表面，而要探究其義理。只有將其背後的義理探究透徹了，才能真正掌握這事物。否則，不過就是走馬觀花罷了，雖見識多，但卻如同無所見。

其次，要有胸懷。有胸懷者，能容天下，能容蒼生。胸有天下、胸有蒼生之後，眼界就會變得博大，可以站在更高的角度去看待問題。這樣，就更容易掌握一件事的全貌，從而找到正確的入手角度，讓事情更容易解決。

第三，就是慈悲心了。有慈悲心者，不論是在做人還是做事方面，都十分認真。佛家常說，掃地怕傷螻蟻命，一個如此慈悲的人，他掃的地肯定更乾淨。因為在掃地過程中，連螻蟻那麼小的生物他都注意到了。因此是不會留下死角的。而那些粗枝大葉者，則往往會有疏漏，從而掃不乾淨。

有了這三點，就可以萬事圓融了。不僅會有道德上的境界，也會有能力上的提升。那時候，僧可以成佛，凡人可以成聖。

依靠不可靠

在日本禪門裡，有一位大名鼎鼎的夢窗國師。夢窗國師在少年時，曾經有一次千里迢迢的到京都一山禪師處參學。

夢窗到方丈室向一山禪師請示道：「弟子大事未明，祈求禪師直指開示。」

一山禪師聽後，不但不告訴他，反而很嚴峻的說道：「我宗無言句，亦無一法與人。」

夢窗再三懇求，仍得不到一山禪師的開示，於是含著眼淚辭去，往鐮倉的萬壽寺叩參佛國禪師。

在佛國禪師的座下，卻遭更無情的痛棒。這給殷殷求道的夢窗實在是一大打擊。夢窗終於傷心地對佛國禪師發誓說道：「弟子若不到大徹大悟，絕不複歸見禪師。」

他告辭佛國禪師，連夜到了一個山林裡面與大自然做靜默的問答。有一天在樹下，心中無牽無掛，不知不覺至深夜就想到茅篷裡去睡覺，欲上床之時，誤認他已經走到茅篷的牆壁，糊裡糊塗的把身子靠了過去，不料卻跌了下來，在跌倒的一剎那，不覺失笑出聲，就此豁然大悟了。

在身心開朗之餘，他就做了一首偈語：「多年掘地覓青天，添得重重礙膺物；一夜暗中揚碌碌，等閒擊碎虛空骨。」

夢窗心眼洞明之後，感恩之餘，便去會見一山禪師和佛國禪師，呈上自己所見，機智密契。佛國禪師大為稱讚，立刻為他印證說：「西來之密意，汝今已得，必善自護持。」這時夢窗國師年三十一歲。

在夢窗禪師看來，牆壁是自己的倚靠，因此上，他下意識的向牆壁靠去，覺得那裡可以為自己提供安全。但現實卻相反，他認錯了地方，不僅沒有獲得安全，反而摔倒了。在這一過程中，夢窗禪師終於意識到，這世上是沒有什麼外物可以讓自己倚靠的。哪怕是這不會動的牆壁也一樣，會因為自己的記憶錯誤而給自己帶來麻煩。這一發現，讓他豁然開朗，終於進入了禪的殿堂。

世間事往往如此，真正能夠給我們倚靠的只有自己，外物是靠不住的。如果凡事都想靠著外力、靠外人幫助，那麼總有一天會像之前的夢窗禪師一樣，跌了一個大跟頭。只有完善充實自己，凡事靠自己的能力完成，才是最大的倚靠。

想要獲得成功，就要自己努力，而不是尋求別人的幫助。要知道，別人的幫助都是不可靠的。他可以幫你，自然也可以不幫你。如果你將希望完全放在他的身上，但他又不幫你了，那麼你不就沒有辦法了嗎？而自己有能力解決，就什麼都不怕了。

選擇不分好壞

洞山良價禪師前去探望患了重病的學僧德照。

德照見到老師，悽楚說道：「老師，您忍心看著弟子就這樣不明不白地死了嗎？」

洞山良價禪師問：「你是誰家的子弟？」

德照回答：「我是大闡提家的子弟。」大闡提就表示無佛性。

洞山良價禪師兩眼逼視德照。

德照非常焦急，問道：「四面的高山向我逼近時，老師，我該如何是好？」

「我以前也是從人家屋簷下走過來的。」

「我和老師在屋簷下相遇時，要不要互相回避呢？」

「不必。」

「假如不回避的話，您又要叫我到哪去呢？」

洞山禪師指示道：「五趣、六道、十種法界，到處是路，你何必憂慮？如果你不放心的話，可以到田裡去種稻糧！」

德照聽了以後，說聲：「老師請珍重！」就坐定入滅了。

禪師歎道：「你雖然能這樣出去，但是，不能這樣回來呀！」

德照世緣盡時，仍不忘尋找生死之外的出入。洞山禪師指示他「到處是路」，意思是哪裡都可以走，哪個方向都是可行的。

可是德照禪師依然不甚明瞭，又問那一條路才是正路？洞山禪師給德照禪師的答案是，可以去田裡。

這話表面上是說農活，其實是在指點德照禪師。告訴他要補因、種因、修因，這才是修道應該注意的課題。

這一指引，讓德照禪師安然而去，說明他找到了路。德照禪師的路，就是選擇不是重要的，努力才是重要的。他從洞山禪師的話中明白了一個道理。人可走的路很多，走那條路沒有確定的正誤之分，只要懂得補因、種因、修因，也即時努力，那麼不管那條路，其實都是正確的。

路如此，選擇亦然。選擇是不分好壞的。造成選擇好壞的，是付出是否夠多，努力的是否夠多。如果你足夠努力，也甘願付出，那麼，不管你選擇走什麼樣的人生路，都將有所收穫。如果不去努力，則不管那條路，都是死路。

如果你覺得之前的選擇不佳，那麼就要從自己的身上找找原因了。要搞清楚，是真的選擇錯了，還是自己沒有努力才導致今天的境況。

Good Choice 大大的享受拓展視野的好選擇

人生平凡不平庸

正面思考系列 43

塞涅卡說：願意的人，命運領著走；不願意的人，命運拖著走。
兩個人從鐵窗朝外望去，
一個人看見滿地的泥濘，
另一人卻看到滿天繁星。
對於命運，我們不僅僅應該對抗、改變，也應該接受、理解。

生命卑微不卑賤

正面思考系列 44

天災人禍頻繁的當下，
人們總是會不斷的檢視自己，到底是多麼的渺小。
但是不管感覺自身多麼微不足道，
只要這個世界還沒決定放棄你，你就不能放棄自己！

所有的裂痕，都能照進陽光——包容的智慧

正面思考系列 45

包容缺憾，它就是下一個完美！
包容兩個字：寫的比說的容易，做起來卻比想像中的簡單。
海不辭水，故能成其大；山不辭土，故能成其高；人因包容，故能成就自身的偉大。

Good Choice 大大的享受拓展視野的好選擇

彎得下腰才叫成熟，放得下身段才是高手！

成長階梯系列 57

屈是一種氣度，伸是一種魄力
低姿態做事，高境界做人；凡事留餘地，得進退從容
要想成功就要學會放棄，
只有放棄眼前小利益，才能獲得長遠大利益
職場中也沒有永遠的「紅人」。

放下就是幸福；放下更是知足

成長階梯系列 58

將壓力封印，將無法呼吸的生活「格式化」，將那些壓力通通格式掉，給心情一個深呼吸，讓生活煥然一新，重新開始。
清淨不在熱鬧繁華中，不在和別人的一爭高低中，更不在一顆所求太多的心中。少一分躁動，多一分平靜，心裡自然清淨無憂。
放下不值錢的面子，走出面子圍城，這不是軟弱，而是人生的智慧

幸福不是擁有得多，而是計較得少

成長階梯系列 59

幸福是一個多元化的主題，我們汲汲地追求著幸福，但幸福其實時刻伴隨著我們。只不過很多時候，我們身處幸福的山中，遠近高低角度裡所看到的，總是別人的幸福風景，卻沒有悉心感受過自己所擁有的天地。

TALENT Tool

大大的享受拓展視野的好選擇

大拓 Talent Tool

永續圖書線上購物網
www.foreverbooks.com.tw

謝謝您購買 放下執念，勿強求 這本書！

即日起，詳細填寫本卡各欄，對折免貼郵票寄回，我們每月將抽出一百名回函讀者寄出精美禮物，並享有生日當月購書優惠！

想知道更多更即時的消息，歡迎加入“永續圖書粉絲團”

您也可以利用以下傳真或是掃描圖檔寄回本公司信箱，謝謝。

傳真電話：（02）8647-3660　　信箱：yungjiuh@ms45.hinet.net

☺ 姓名：________　□男　□女　　□單身　□已婚

☺ 生日：________　□非會員　　□已是會員

☺ E-Mail：________　電話：（　）________

☺ 地址：________

☺ 學歷：□高中及以下　□專科或大學　□研究所以上　□其他________

☺ 職業：□學生　□資訊　□製造　□行銷　□服務　□金融

□傳播　□公教　□軍警　□自由　□家管　□其他________

☺ 您購買此書的原因：□書名　□作者　□內容　□封面　□其他________

☺ 您購買此書地點：________　金額：________

☺ 建議改進：□內容　□封面　□版面設計　□其他________

您的建議：________

廣告回信
基隆郵局登記證
基隆廣字第57號

新北市汐止區大同路三段一九四號九樓之一

大拓文化事業有限公司收

請沿此虛線對折免貼郵票，以膠帶黏貼後寄回，謝謝！